RESHAPING TOURISM MARKETING

重塑旅游营销
后疫情时代旅行社门店获客新攻略

孙志强 ◎ 著

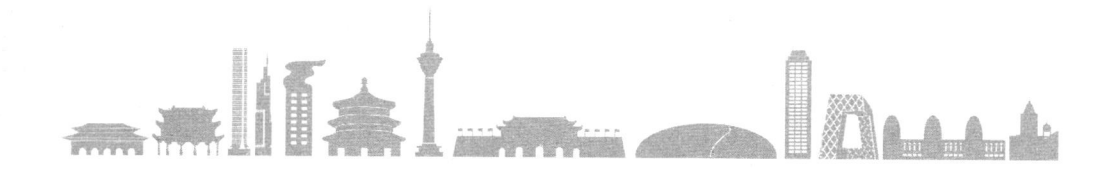

中华工商联合出版社

图书在版编目(CIP)数据

重塑旅游营销：后疫情时代旅行社门店获客新攻略 / 孙志强著. -- 北京：中华工商联合出版社，2021.12
 ISBN 978-7-5158-2978-4

Ⅰ.①重… Ⅱ.①孙… Ⅲ.①旅游市场－市场营销学－研究 Ⅳ.①F590.8

中国版本图书馆CIP数据核字（2021）第269387号

重塑旅游营销：后疫情时代旅行社门店获客新攻略

作　　者：	孙志强
出 品 人：	李　梁
责任编辑：	胡小英
装帧设计：	国风设计
排版设计：	水日方设计
责任审读：	李　征
责任印制：	迈致红
出版发行：	中华工商联合出版社有限责任公司
印　　刷：	文畅阁印刷有限公司
版　　次：	2022年1月第1版
印　　次：	2022年1月第1次印刷
开　　本：	710mm×1020mm　1/16
字　　数：	200千字
印　　张：	15
书　　号：	ISBN 978-7-5158-2978-4
定　　价：	59.00元

服务热线：010－58301130－0（前台）
销售热线：010－58302977（网店部）
　　　　　010－58302166（门店部）
　　　　　010－58302837（馆配部、新媒体部）
　　　　　010－58302813（团购部）
地址邮编：北京市西城区西环广场A座
　　　　　19－20层，100044
http://www.chgslcbs.cn
投稿热线：010－58302907（总编室）
投稿邮箱：1621239583@qq.com

工商联版图书
版权所有　侵权必究

凡本社图书出现印装质量问题，请与印务部联系。
联系电话：010－58302915

终将一生感激你们……

2021年11月11日是一个值得纪念的日子，因为我们把所有讲课的实战内容，利用集体的智慧，写成今天的这部书籍，整整用了一年的时间，终于扎扎实实落地，完美收官了。文章千古事，甘苦寸心知，兄弟姐妹们为了帮我实现梦想尽了自己最大的努力，为此，我将铭记在心。台上一分钟台下十年功，人生没有捷径，最笨的办法就是最有效率的办法，定稿的最后几天，大家每天都工作到深夜一两点，人生没有什么惊天地、泣鬼神的大事，唯有一对一死磕方显英雄本色。知识渊博、从容淡定、芸芸众生的与众不同，就是我们坚持了别人不愿意坚持的事情，一个人值钱的表现就是你能够踏踏实实静下心来做一件让外人刮目相看的事情，所有的兄弟姐妹你们都做到了！一生都值得回忆，一生都可以给儿女们分享我们的光荣与梦想和以身作则的安身立命。感谢薛艳芳、王峰、卢丽英、关丽炜、王瑞雨、赵蕾、朱艳清……你们和你们的才华一并写入这本书里，也写进我的生命里，感谢你们！

为本书提供素材和撰写部分章节的联合创作者是：

薛艳芳——从为游客服务到为旅游从业者服务，从事旅游事业20余载，其乐无穷。

王峰——发现美，传递爱！总结20年的从业感悟，与大家共同收获更多的财富。

卢丽英——曾经跨过山和大海，也穿过人山人海。常年游走在世界各地，希望把远方的美好种进每一位听众心里。

关丽炜——让我们一起周游世界，在细碎的光阴里，感受生活的美好……知足且坚定，温柔且上进。

王瑞雨——用话筒挥斥方道，用真情讲述旅游，17年拼搏无悔，期待重新绽放的旅游人和资深会销讲师。

赵蕾——自始便躬身于旅游和会销的第一线，经验即财富，你若欣赏，我愿倾囊。

朱艳清——爱旅游，爱生活。旅游从业16载，带团游历40多个国家和地区。为全国几百家旅行社做会销创收上千万。

过去以往的成功往往是我们心怀恐惧才有的可能，
不要总是骄傲地回首过去，
而要聚焦未来，
未来什么将导致我们没落……

自序 PREFACE

过往的成功只能说明过去，我们不要总是骄傲地回首过去，而应专注于未来，思考未来什么因素将导致我们的没落？我的答案是认知，认知决定你所有的行为……就比如今天你看到了这本书而身不由己地拿起了它、翻开它……我相信当你打开这本书时，你一定是带着困惑或者是带着问题的，并且你也一定是想拿到一个结果或者找到一个答案的，相信我，坚持读完它，最终它会给你一个答案或者给你想要的结果……

在全国讲课的过程中，我发现经过2020年的疫情，已经让各旅行社焦虑到极点，焦虑的核心是我们还能不能活下去？还有什么方法能让我们挣到最后救命的钱？你给的任何方法，大家都愿意一试，在这种极度饥渴和极度恐慌的前提下，所有的旅行社都会全力以赴，只要能够有一个方法或者一个产品，大家都愿意拼死一搏，这叫置之死地而后生，反正等也是死，宁可战死，也不愿意坐吃山空，因为我们没有选择。所以在这个时候，如果给我们一束光，我们看到了光，并且沿着光的方向就能找到希望……

当下大家遇到了大量的问题：

1. 旅行社真的不知道怎么干了？
2. 我们不知道我们的客源在哪里？好像我们就没有客源，即便是有客源，也没有办法转化。

3. 我们不知道市场在哪里？好像我们根本就没有市场，即便是有市场，我们也不知道怎么去占领市场。

4. 不知道什么样的产品是我们需要的，更不知道什么样的产品是客户需要的？

5. 我们不知道我们的产品卖给谁？即使知道也不知道怎么卖？或者根本就不知道用什么样的方法去卖我们的旅游产品？

6. 旅行社都不知道该怎么干了，怎么干都没有人上门咨询？

7. 不知道咋回事儿，为什么就是没客源？

8. 根本没有什么好产品，不管给客人介绍什么样的产品，客人都无动于衷，这是为什么？

9. 客人只认便宜，为什么稍微贵一点儿就不报名？

10. 旅行社都知道细节决定成败，但是就是不知道什么样的销售细节才能事半功倍？

11. 到底什么是旅行社最大的痛点？是产品？还是市场？旅行社最大的痛点是如何把产品卖出去。

带着这些问题……我想该写点什么了，写什么呢？问题的答案都在书里。

一年以来我飞来飞去，天马行空。我必须要让心静下来……

人真正的力量在于思考，思考是一种心灵修行，牛顿说过一句话，我所有成功的力量来自静心思考的结果。我在冥思苦想我未来要做什么？从哪里开始做？曾经的自己太想赢，也曾在深夜发誓一定要在中国旅游界有我的声音，随着年龄的增长，我将铭刻在心底的创伤积攒出骨子里的力量，我相信只要我专注一件事，一定可以有所收获。我想帮助所有的传统旅行社突破困局，为此我创作了这本书。

三千繁华一生戎马，百年之后一捧黄沙……一眨眼从2019年到现在三年过去了，慌不慌？ 突然想起自己喜欢的一首陆游的诗：家住东吴近帝乡，平生豪举少年场。十千沽酒青楼上，百万呼卢锦瑟傍。身易老，恨难忘。尊前赢得是凄凉，君归为报京华旧，一事无成两鬓霜……一事无成，咋办？每一个人总要历经沧桑之后才明白很多事情的难能可贵。我最喜欢的一句话"这世界上没有白走的路，你今天走的每一步都算数。"这一年没有白辛苦，今天……每当我站在舞台之上看到千百双手在我面前挥舞，我总觉得离我的梦想好像又近了那么一点点，为此2022年我必须要全力以赴，不忘初心，砥砺前行……其实我们总以为岁月漫长，来日可期，可是想想去年的今天我们是历历在目，人生的几十载转瞬而逝，我们还没有感到自己老……但是青丝已去，白发染头。感叹岁月不饶人可是岁月又饶过谁？

岁月款款而来，我将从容以待。在变老的路上，我们一定要变好，并且我们要做一个温柔而有力量的人，虽然未必光芒万丈，但是我始终温柔有光……

请保持你心中的光，

因为你不知道，

谁会借着你的光走出黑暗；

请保持你的善良，

因为你不知道，

谁会借着你的善良走出绝望；

请保持你心中的信仰

因为你不知道，

谁会借着这个信仰走出迷茫；

请相信相信的力量，

因为你不知道，

谁会因为相信你开始相信了自己！每一个人都要成为现实生活中的光。

给所有亲爱的读者，我想说我愿意成为一束光……

前言 FOREWORD

我们可能正在经历旅游业历史上最糟糕的时期，尤其是旅行社。

一方面，互联网技术自2000年后蓬勃发展，打破了诸多传统行业格局。旅游方面，在线旅游的兴起，影响了旅行社的获客渠道。

于是，旅行社只能屈身于在线旅游的幕后，甘当服务供应商。在利润被人分割的同时，连品牌露出的机会都没有了。

有一部分旅行社不甘心，选择自己开发在线旅游，冲到互联网一线去竞争。然而，这需要一笔超级投入，除了进行数字化转型，还要重做计调、财务和销售的组织关系。此手笔，恐怕只有大集团可以为之，中小品牌根本经不起如此折腾。

另一方面，旅行社本身的业务模式，决定了其前置成本很高，除了海量的交通和酒店预付费，还有经营所需的房租和人力成本。一旦业务无法衔接，整个现金流就会受到冲击，危机接踵而至。

总之，自旅行社诞生之日起，惨烈的竞争就愈加强烈。面对激增的同业数量，曾经的规模化运营不复存在，大家的成本节约和议价能力瞬间降维。

到了2018年，一件事的发生，让所有旅行社从业者直冒冷汗。

那年，中国国旅转让了旗下的旅行社业务，主攻免税店业务。这意味着，改革开放以来叱咤行业的我国三大旅行社品牌（中旅、国旅、中青旅）格局瓦解。

连国旅都抽身而退，说明旅行社的日子已经很紧张了。不过，对于热爱旅游行业的人而言，这种残酷源自大浪淘金的商业法则，还不致死。于是，他们选择苦苦坚持。

万万没想到，2020年席卷全球的"新冠疫情"，直接把他们冰封起来，连缓冲的时间都不给。

从世界范围看，根据联合国世界旅游组织统计，2020年全球旅游业收入损失达1.3万亿美元，相当于上海2020年GDP的2.12倍。

再看国内，同样不乐观。根据中国旅游研究院分析，2020年我国旅游业收入减少1.18万亿元。把这1.18万亿分配到每位从业者身上，想必，应该有很多人在喝西北风了。

诚然，几乎所有行业都受到疫情影响，不仅仅是旅行社，但是，所有的行业都在努力自救，唯有旅行社在苦苦等待。

苦等的结局

2020年9月的一天，老K（一位旅行社同行）向我挥手告别，说自己太难了，挺不住了。

老K在2009年创立了一家小型国际旅行社，主营东南亚线路组团业务，也经营一些欧洲散客业务，主要市场在我的老家河北。适逢当年出境热，他的十人小团队经营得有声有色，他自己的小日子也是格外舒坦，还把6岁的儿子送到了北京的国际学校。

十年后的2019年，我在一场旅游博览会上见到了老K，感觉他憔悴了不少，一问才知，东南亚的业务不好做。由于参与东南亚组团的旅行社越来越多，同行们的竞争长期陷入胶着状态，有时自己不得不去赌团。

其实这并不是他的过错，长期以来，东南亚线路利润产出渠道单一，让组团工作越来越被动。

到了2020年春节，我觉察出一丝异样。

以往，每逢年节，老K都早早地向大家发送祝福信息，但2020年春节却没有一点动静。于是，我向他发了祝福，仍未得到回音，让人心感不妙。

果不其然，到了9月，我得到他注销旅行社的消息。

"本来业务就不理想，结果疫情一来，直接就终止了。整个春节期间，退款差不多把我给掏空了，差点连节都没法过了。本想过了春节情况就该好转，但半年过去了，没有一分钱进账。再这么耗下去，我就得把房子和车子搭进去了。"

老K一番话，悲凉又无奈。

无奈，旅游是个看天吃饭的行业。且不说平时的惨烈竞争，一旦发生了这种世界级的"非可抗力事件"，游客们只能裹足不前，旅行社更是一点办法也没有。

对于资金稍雄厚的旅行社来说，挺过去的手段就是裁员，裁员，再裁员，而资金不雄厚的旅行社，只能关门大吉了。

总之，一波又一波的旅行社从业者被迫转行，前往他们并不熟悉，或不热爱的行业。

牛人不牛了？

回想同时期，我也算在旅游业的牛人，顶峰时拥有6家旅行社和70多家门店。

我总是认为，真正热爱旅游行业的人，尤其是牛人，千万不要轻易转行。

牛人转行，对于旅行社行业本身就是一种损失。改革开放以来，旅行社行业发展的一大力量就来自牛人。虽然归属于服务行业，但在旅行社，有"牛人"之称的人，往往综合素质过人。他们不仅懂得国际形势、历史风物，还通晓各地法律、行业咨询，更擅长算账记录、市场营销。

可以说，每一位旅行社牛人，几近于"全能型人才"。当他们走到台前，面对千百游客时，又能以独具魅力的个人风格，瞬间吸引人注意，因为他们早有属于自己的知识和业务体系。

这，就是他们所独有的市场号召力。

对牛人自身而言，离开自己原本热爱并且战斗过的地方，着实可惜。要知道，转行对一个人的事业和职业发展，总是弊大于利，即便"全能型人才"，也很难在新行业迅速站稳脚跟。

关停旅行社后，老K利用原有的海外人脉资源，托人开发了一款海外代购小程序，让海外的人帮忙选货，但是，这款小程序在市场并无知名度，更严重的是，大家甄选的品牌在国内也没有什么知名度。

想要全面打开渠道，老K必须持续砸钱，但他不想再冒这个险，于是叫停了业务。

眼看2020年的线上生鲜日渐火爆，老K觉得自己也能做成功。

这一次，他又高估了自己。虽然在旅行社是一位帅才，但他确是物流行业的"小白"。起初，老K凭自己的市场资源拿下来可观订单，让他自信满满地预定大批货。结果，因为物流把控不力，第一批生鲜还没销出去都烂光了……

到了2021年初，接连经历失败的老K有点心灰意冷。妻子劝他，不行的话就找个大型旅行社上班。凭他的资历，担任高层管理人员没问题。

不过，终究习惯了创业的老K，不甘心为别人打工。

一时间，他陷入了困顿。

旅游下半场

依我看，在牛人的事业生涯里，根本就不该出现"转行"二字，即便是跳到其他行业，也应该是"跨界升级"。

越是竞争惨烈，越是危机重重，旅行社牛人越不能轻言放弃，于己，丧失了在热爱行业打拼的机会；于人，让曾经同甘共苦的兄弟姐妹失去了营生。

既然还有人脉，既然还有资源，既然能抓住趋势，既然有转型的勇气，为何不在旅行社行业一拼到底呢？

对于我的看法，老K提出了不同看法：

众所周知，这是一个线上时代。很多旅游者习惯通过"网红直播""小程序"等线上途径了解旅游要素，更严重的是，疫情催化了这种趋势，让很多中老年人也学会了"触网"，今后，他们有可能是线上互动和线上消费的主力军。

基于这种趋势，旅行社的线下渠道将进一步萎缩，哪有什么未来可言？自己不转行怎么办？

可以理解，老K曾亲眼看着自己的旅行社"由盛及衰"，或许他是真心怕了，然而，这只是掩耳盗铃一般的自我放弃。

事实上，旅行社根本不会消亡！充其量，只是经历着一段比较艰难的时光。

首先，纵观整个人类发展史，绝没有因为某一场疫情而坍塌，总会持续发展。旅游，作为现代人生活的一部分，这是挡不住的大趋势。且看2021年，随着"新冠疫情"在国内得到有效控制，多个小长假立刻出现了"旅游井喷"现象。

这就是人们"从黑暗中挣脱出来"之后，爆发出的被压抑的能量。

至于老K害怕的线上交易趋势，简直是杞人忧天。

我们认真想一想，游客们向线上转移的核心原因是什么？只因为互联网更潮流么？

实际上，他们只想得到一种更灵活的预订方式、更大的选择空间、更好的隐私保护。

这一点，旅行社完全可以做到。

目前，我本人就负责一家旅行社的70多家分公司，以及300家营业部，主要就是线下运营工作。我可以负责任地说，旅行社的线下市场依旧可观。

我们之所以有种"线下业务没落"的错觉，多半是因为自己的工作没有做好。

比如说，我在管理工作中发现，很多旅行社在营销方面存在"迷之行为"，甚至还有销售竟然如此强调卖点：

1. 全程无自费项目；
2. 全程只进两个购物点；
3. 我们的团费比您自己购买的机票还便宜。

简直无法想象，这种古老而落后的话术，在信息透明的网络时代仍在使用，全然有悖于游客更高品质需求，难怪旅行社获客一直是个大难题。

可以说，大多数危机降临时，被迫勒紧裤腰带的，往往是那些古老而落后的人。谁能在危中寻机，谁能在险中求生，谁就能在苦尽甘来中，成为旅行社业态的领军者，丝毫不惧怕那些来势汹汹的线上渠道。

换一个角度看，整个旅游行业的升级过程，正是在苦日子中加速推进。旅游业角力的下半场，是线下对线上的全力反攻。这，才刚刚开始。

对于旅行社牛人而言，有条件当然要上，没有条件，创造条件也要上……

目录 CONTENTS

自序 ..../ 1
前言 ..../ 1

第一章　挖地三尺找"神灯"

1.1　你好，真勇士 ..../ 004
1.2　疫后格局——大品牌当道？ ..../ 007
1.3　"繁荣"下的危机 ..../ 010
1.4　重启前的必修课 ..../ 014

第二章　最强旅游大脑

2.1　高维寻道者 ..../ 020
2.2　与高维智慧无缘的日子 ..../ 025
2.3　给自己深度思考的时间 ..../ 030
2.4　游客还会买单吗？ ..../ 032

第三章　拯救旅行社

3.1　赚钱之殇：利润都去哪儿了？ ..../ 040

3.2　转型困惑：线上线下孰重？ ..../ 044

3.3　强行体检：旅行社如何做管理？ ..../ 047

3.4　信念之忧：坚持下去有何秘诀？ ..../ 052

第四章　旅行社老总秘籍

4.1　再见，低质社交 ..../ 060

4.2　盘活大数据，没那么难 ..../ 064

4.3　别轻易放弃三大传统 ..../ 068

4.4　异业联盟玩法多 ..../ 071

第五章　一条捷径，通向何方？

5.1　线下旅游营销的四重定义 ..../ 080

5.2　人口老龄化，我们的机遇 ..../ 086

5.3　详解线下旅游营销：我们很特殊 ..../ 089

5.4　透过活动看本质：如何命中靶心？ ..../ 093

第六章　一场完美的线下旅游营销

6.1　掌握新技能，从赠品说起 ..../ 102

6.2　凭什么尖叫？全凭你造势 ..../ 104

6.3　成功的秘诀：全能策划案 ..../ 111

6.4　选址有深意，邀约是艺术 ……../ 117

第七章　从独一无二的气氛，到天衣无缝的团队

7.1　"致命"的开场一击 ……../ 128

7.2　在主题升华中渲染气氛的四个案例 ……../ 132

7.3　看专业人如何塑造场景 ……../ 137

7.4　团队合作，如何构建得天衣无缝？……../ 141

第八章　演讲师，困境中的稻草

8.1　谁能"过五关"？谁会"展六将"？……../ 150

8.2　挑战大舞台 ……../ 154

8.3　营销演讲，如何"一针见血"？……../ 159

8.4　知己知彼，唤醒需求 ……../ 163

第九章　演讲高手的必备"基因"——控场

9.1　会讲故事的人 ……../ 170

9.2　像恋爱一样把控气氛 ……../ 173

9.3　登台前的空杯心态 ……../ 176

9.4　灯光、音乐、PPT——意想不到的组合 ……../ 181

第十章　消除游客的末梢疑虑

10.1　营销演讲全流程 ……../ 188

10.2 如何创造独一无二的卖点？ ..../ 192

10.3 控场中的成交机会 ..../ 197

10.4 通关全流程，四大时刻最关键 ..../ 204

附录：注意力经济时代的营销演讲攻略 ..../ 210

后记 ..../ 218

第一章

挖地三尺找『神灯』

"希望有个行业能接纳我。"

一听有人说这话，老K不淡定了。

2021年春节前夕，老K打算给过去的同行和下属们发送祝福信息，不料刚发出两条，一位原下属就回复了他，并抱怨了自己的近况：因为老K关张，自己饭碗丢了，转行无门，没心思过节。

一时间，老K尴尬又委屈，便不再给任何人发祝福了。连续两年春节，他都在静默中度过。

老K的尴尬，在旅行社行业并不稀奇，因为很多人都有个通病——眼界太窄，即便自己的足迹遍布世界各地。

很长一段时间，旅行社人士忙碌于收客、组团、发团和地接等琐碎事务中，如草莽一般互相竞争，全然不顾宏观趋势和人性思考，属于无脑式忙碌。

当大多数人都处于无脑式忙碌时，是极易出现行业问题的。在行业上升期，大家尚且幸运，一旦危机降至，大家便四散逃窜，丝毫没有改进行业、改造行业的意识。最终，在无脑的转行中走向人生平台，进而走向下坡。

还是那句话：在当今这个危急时刻，旅行社依然有掘金之道，只要你肯挖地三尺。

1.1 你好，真勇士

故事的主角，名叫托马斯·库克。

这个名字，对于考过导游证的朋友并不陌生。这是一位牛人，早在二百年前就做了三件大事：一、创立了"团队旅游"模式；二、成立了全球首家旅行社；三、奠定了现代旅游格局。

1808年，托马斯·库克出生在英国，二十多岁时成为传教士，并倡导禁酒。

年轻的托马斯·库克，领导欲望极强，经常组织文化集会和禁酒活动。出于跨区域组织的目的，他在1841年成立了一家旅行社，招揽了一批服务人员，为参与文化集会和禁酒活动的人，提供交通、餐饮、观光、参会等服务。

这家旅行社是行业公认的"首家旅行社"，托马斯·库克因此被称为"现代旅游之父"，屡屡出现在旅游专业教材中。

这家旅行社在1919年就已经在英国《泰晤士报》上刊登广告了。这也是全世界首个旅行社打广告的案例。

要说这"首家旅行社"，生命力够持久，经历了两次世界大战，陪伴着几代英国君主起落，见证了工业社会的变迁。

而且，这"首家旅行社"牛到什么程度？一百年前，他们就要搞环球团队游，托马斯·库克甚至想策划文明古国线路，包括中国和埃及。

到了21世纪，托马斯·库克建立起综合旅游集团，包含近600家旅行社、100多架洲际航空飞机、200多家酒店和度假村，在欧洲的垄断地位很强。在当年的出境游热潮中，我国很多游客都接受过托马斯·库克旗下产业的服务。

然而，牛到极致的"首家旅行社"，也抵不住越来越多的同行竞争。

一方面，托马斯·库克不得不面对涌入欧洲市场的大量低成本旅行社，在激烈的竞争中不得不拉低成本，降低品质。

另一方面，互联网提供了更具个性化的旅游预定方式，Airbnb等一批在线旅游机构疯狂抢夺托马斯·库克的市场渠道。

于是，托马斯·库克用百年建立的庞大旅游商业体系，在短短十几年前被迅速瓦解，并在2019年轰然倒塌。

可以说，虽然托马斯·库克是一位牛人，但他的继任者们，却不是勇士。

讽刺的是，该旅行社崩盘时，尚有15万英国游客滞留海外。为此，英国政府不得不启动包机计划，处理这个烂摊子。

这说明，托马斯·库克的产业渠道被严重侵袭，收入支撑不起庞大的成本支出，导致现金流断裂，最终破产了。

就这样，载入史册的托马斯·库克崩盘了，而且是在新冠疫情到来之前。

换句话说，那些熬过2020年的旅行社，比托马斯·库克还牛，属于真正的勇士。

2020年的惨烈程度，经历过的人几乎都不愿回忆。

根据联合国世界旅游组织当年的报告，受新冠肺炎疫情影响，全球至少三分之一的旅游目的地对国际游客完全关闭，还有至少三分之一的旅游目的地执行管控，国际游客同比减少至少70%。

就以托马斯·库克所在的英国为例，新冠疫情对经济造成了巨大损失，旅游业损失尤其惨重。根据世界旅行和旅游理事会当年的报告，英国至少失去了近300万个与旅游密切相关的工作岗位，而旅游市场可能需要很多年才能恢复。

这意味着，有多少同行会长时间苦苦煎熬啊！

与老K合作的英国地接社掌门人James，是一位在英国生活了二十年的华人。

愉快合作多年后，James在2020年开始吃不消了。

2020年春节前，包括老K在内的中国组团社开始大面积取消订单，并要求全额退款，因为疫情防控，政府层面要求暂停游客出行。

于是，James的员工开始联系酒店、餐厅和交通公司取消订单，并通知导游和相关人员。尽管他们在第一时间按规则操作，但退款过程却十分艰难。

其中，酒店退款成了一场"鏖战"。起初，这家酒店向James预收了全额房费，但在申请退款时，酒店方以签订的合同为理由，拒绝退款。

但是，包括老K在内的组团社要求必须第一时间全额退款，因为他们为了响应疫情防控，已经向游客全额退款了。为避免自己损失，他们向James施加了巨大压力。

James不得不亲自出面，和酒店方死磨硬泡，一开始酒店提出退10%的房款，这显然为James所不能接受。经过近一个月的拉锯战，酒店方陆续退还了60%的房款。

在这一个月之内，老K承受着灾难性的资金压力。自己在大灾大疫面前，彰显了一把旅行社人的担当精神，第一时间向游客全额退款，却无法按时向地接社要回款项，现金流瞬间预警。

像老K一样放弃的人不少，坚持下来的勇士就更显珍贵。

小重，原本和老K一样主营出境游，在2020年遭受重创后，他立刻决定利用境外游的客户资源，开展类似免税店的业务。

这种做法，老K也尝试过，但失败了。相比之下，小重凭借知名品牌的代购资源，加之品控保障，在疫情最疯狂的年初实现收益，勉强养活了团队。这一时期，团队通过代购业务有意识地积累潜在客户。

2020年4月起，国内疫情得到有效控制，国外疫情愈发严重。看到这一形势，小重果断决定转战国内游。考虑到大团队形式难以行得通，他便和海南、云南、广西等地的农场庄园广泛合作，深挖小团队形式的农庄深度游。

考虑到房车和别墅的隔绝性强，有利于防疫，小重还广泛联系国内的闲置资源，包装成度假产品。探路的过程中，小重的现金流回流，活下去的希望更大了。

1.2　疫后格局——大品牌当道？

2021年4月，文化和旅游部发布了《2020年度全国旅行社统计调查报告》，报告显示，截至2020年底，我国旅行社总数为40,682家，比2019年增长了4.47%。

乍一看不可思议！明明日子困难了，旅行社数量怎么反而多了呢？若进一步对比三组数据，可见其中的端倪：

第一，2020年的旅行社从业人员，从2019年的415,941人，减少至322,497，减少了93,444人；

第二，2020年签合同的导游数量，从2019年的121,710人，减少至108,803人，减少了12,907人；

第三，2020年旅行社的总资产，从2019年的2722.13亿元，减少至1992.46亿元，减少了729.67亿元。

从业人员减少了四分之一，资产规模减少了近三分之一，这说明，旅行社行业在2020年出现巨量萎缩，是不争的事实。

至于旅行社数量上的增加，只是很多人保留了旅行社招牌，实际暂停了主营业务，遣散了工作人员，退租了办公室，唯有一个空架子。

2021年"五一"假期，是"新冠疫情"肆虐以来，旅游市场明显回暖的一个信号。文化和旅游部发布数据称，当时，我国国内旅游出游人次达2.3亿，比2020年同期增长了119.7%，比疫情前的2019年还增长了103.2%。

再看收入，2021年"五一"期间国内旅游收入共1132.3亿元，同比增长138.1%。也就是说，国人在2021年"五一"期间，为旅游活动买单1132.3亿元！

外行人想当然地认为，随着国内疫情形势好转，寒冬已经过去，旅行社应该恢复往日的繁荣了，大家的日子就好过了。殊不知，游客在国内游时基本不会通过旅行社预订，通常，大家会自己预定好交通和酒店自由出行，根本无须旅行社参与。

虽然没有权威数据，但我身边的同行仍在抱怨没有什么订单，这1132.3亿元，流入旅行社的只有很小一部分。

因此，从2020年初到2021年，整个旅行社行业无人能雪中送炭，一片凄惨景象持续了近两年。

尽管没有详细的数据统计，但我估计，这些挂空名的旅行社中，至少有二分之一是中小旅行社，毕竟他们不像大旅行社一样手握可观资产，一旦危机来袭，他们也只能断臂自保。

其中，小旅行社几乎遭遇灭顶之灾。他们本来就无规模和资产可言，抵抗能力严重不足。

有人预测，待"新冠疫情"褪去之后，我国的旅行社格局将发生重大变化，会出现"强者愈强，弱者消失，在线化强"的局面。也就是说，中小旅行社数量会越来越少，大型旅行社越来越强，游客普遍进行线上交易，由此可促进旅行社行业的集团化和在线化发展。大型的在线化旅行社可以发挥规模采购和营销优势，借由人才汇集效果，在实现规模效益的同时，引导和稳定行业局面。

这种说法看似有道理，却根本不成立。

从2018年中国国旅放弃主营业务可见，整个旅行社行业透露了一个信号：大品牌旅行社的日子也不好过。的确，在近年来垮掉的旅行社中，不乏大型旅行社，更不乏在线化的大型旅行社。

在2020年"新冠疫情"来袭的一个月内，文化和旅游部紧急发布通知要求：全国旅行社和在线旅游机构，必须暂停团队旅游产品及自由行经营。仅仅一个月，就有一家在线化的大型旅行社倒下了。

它是曾被评为"5A级旅行社"的"百程旅行"，有着二十余年的发展史，曾与70多家境外旅游局、50多家航空公司、30多万家境外酒店、500多家境外服务商合作，通过互联网技术，它实现了线上和线下的协同发展。

2016年，"百程旅行"挂牌新三板，正式登陆资本市场，成为佼佼者。

都说"资本是把双刃剑"，这话一点也不假，"百程旅行"挂牌后，竟把自己的内在问题暴露得彻彻底底。

根据监管要求，"百程旅行"定期披露了自己的财务状况。于是，大家看到了它连年亏损的全过程。从2016至2018年上半年，"百程旅行"亏损额度分别为4511万元、2795万元和1286万元。即便亏损程度得到控制，但如此长期抽血，放在谁身上也扛不住。

于是，"百程旅行"于2019年直接在新三板摘牌，不再披露任何财务信息，"百程旅行"已经捉襟见肘了。

最终，"百程旅行"在"新冠疫情"来袭后不久，就宣布关张清算，其危机抵抗力远不如中小旅行社。

可见，不论品牌多知名，规模多庞大，大型旅行社和中小旅行社都在如履薄冰，根本不存在"大吃小"的情况。

我们已知，2020年我国旅行社数量比2019年增长了4.47%，在我看来，增长的这4.47%基本都是中小旅行社。

这份《2020年度全国旅行社统计调查报告》，包含了老K和小重这些典型的行业代表。他们虽然都经营小旅行社，却有着不同的境界。

老K属于彻底离开旅行社行业的人，他对这个行业彻底死心了。作为一位有着近十多年行业经验的创业者，他认为，团队旅游业务要恢复至2019年的水平，至少还要三年，更何况，2019年的旅游市场也不尽理想。

相比之下，小重对未来仍抱有信心。他保留了旅行社招牌，带领同事们转行发展，先活下来，待出境游恢复时再重来。小重预计，团队旅游业务应该会在2022年大面积重启，自己再苦熬一年就能看到光明了。

只是，小重的坚持背后，存在一个担忧：疫情之后，大中小旅行社全都处在一条起跑线上，难免在冲锋陷阵时误打误伤。更何况，旅行社行业早就积累了太多的问题，并在长时间的繁荣发展中可能会出现无法预料的危机，任何一位从业者都难以左右。

1.3 "繁荣"下的危机

不管是载入史册的托马斯·库克，还是名不见经传的老K，他们的失利，都源于同一个因素——现金流断裂。

很多人曾天真地认为，旅行社的现金流比较充足，因为他们属于轻资产行业，成熟旅游产品已经实现了标准化制作和规模化运作，利润很可观。更何况，所有的旅游产品都要求游客先缴费，在客群主体大流水中，除去少量因不可抗力产生的退款外，其他利润均可稳稳地收入囊中。

不过，这只是21世纪前十年繁荣所带来的假象。由于客群源源不断，导致旅行社误以为所有游客都是自己的潜在客户，殊不知，绝大多数游客在消费过后，根本不会持续忠诚于同一品牌。

在现实生活中，我们很少见到有人只搭乘同一家航空公司的飞机、只入住同一个品牌的酒店、只选择同一家旅行社的产品，因为大家都在阶段性出行的时效需求中，挑选最合适当下出游情形的供应商。

而且，除了大型的综合旅行社外，几乎每家旅行社都有自己主打的线路产品，就像老K主打东南亚线路一样，他们很难对同一位游客实现持续性合作，也就很难拥有属于自己的客源沉淀和积累。

不管是组团社（客源地的旅游产品批发商和零售商），还是地接社（目的地负责接待的服务商），均受累于这种不稳定的客源基础。

首先，很多组团社不得不投入大量成本，进行营销宣传，对于一些小型组团社来说，发动全员销售乃家常便饭，必要时还会给开单的员工可观奖励。

一旦有人咨询产品，大家往往欣喜无比，销售人员会立刻向自己的合作方（地接社）询问线路余位等情况。得到消息后，地接社内部会立刻排查、确认，再回复组团社。此过程需要耗费一定时间，而且不能让咨询者知道业务全流程。

然而，在漫长的等待时间里，不知情的咨询者，或认为自己没有被重视；或认为销售人员不够专业。赶上心急之人，就会转身咨询其他旅行社，造成订单丢失。

至于地接社，同样被日渐萎缩的净利润所折磨。由于合作方（组团社）的财务状况普遍不乐观，迫使他们把风险转移到地接社身上，尽可能延迟付款，延长自己的资金占用时间。这样一来，地接社的回款周期越来越长，业务的良性扩张成了黄粱梦。

由于业务难以良性扩张，地接社对开发差异化产品力不从心，也不易获得新渠道。当然，还有最重要，也是最无奈的一个因素——购物店。

为了吸引同业合作，地接社不得不在同质化产品竞争中压低价格，推出低端价位的同业服务。至于利润，只好通过在行程中安排购物环节来获取。

于是，地接社和旅游目的地的购物店合作，由导游带领游客团队进店购物，并收取佣金。购物店所销售的商品，多是茶叶、金银饰品、玉器、药材等地方特产。时间一长，地接社觉察到一个现象：导游渐渐成为利润链条的核心，他们不仅从购物店收取佣金，还会从景区门票、酒店住宿、餐厅用餐、旅游演出中抽成，故而在引导游客消费方面乐此不疲。

既然如此，地接社索性取消了导游的各项福利，让他们凭自己的"忽悠"能力赚钱。迫于生存压力，导游们被激发出了强大的控制力，逐步掌握了团队的主导权。凭借专业或非专业的手段，他们干预团队行程中的购物店、餐饮、酒店安排，优先选择那些佣金高的场所。

一来二去，购物店、餐饮和酒店为了和导游搞好关系，便不断提高佣金。极端情况下，游客消费金额的三分之二都进了导游、司机、地接社三者的腰包。这就大大压缩了购物店、餐饮和酒店的利润空间，于是，大家悄悄降低成本和质量，甚至搬上了假货。

结果可想而知，游客们深感上当之后，各种各样的旅游纠纷层出不穷。当这一层窗户纸被捅破后，越来越多的游客开始抵触进店购物，进而与导游产生隔阂、矛盾，直至冲突。

至此，一个恶性循环出现了：组团社原本为了利润而延迟向地接社付款，地接社原本为了利润而减少导游福利，而这一切导致的后果是游客感受不佳，对导游和组团社越来越警惕……

粗制滥造的业务模式，让旅行社积累了大量隐患。

有人说，旅行社的巨大泡沫，源于2003年"非典"后的报复性发展。当年，"非典"疫情让旅行社多半年无进项，而人工成本、水电成本、消耗品成本和房租成本却持续透支，很多旅行社负责人根本不敢看自己的现金流情况。

于是，"非典"刚过，整个旅游行业便倾巢出动。借力于头部品牌的强劲状态和资金能力，投入了大笔资金宣传，营造起浓郁的繁荣景象，由此在短时间催生交易量。

旅行社很懂得借势，拼命推出预售产品，大肆揽客，恨不得把第二年的团费全部预收。很快，旅游产品暴露出了各种问题，包括恶性低价竞争，甚至零团费接团，进而，导游们开始私拿佣金、索要小费、欺客宰客、价格欺诈，一时间，整个旅游市场几近失控状态。

当年8月，国家旅游局不得不紧急发文规范整顿，足以说明事态之严重。此后多年，旅行社在日渐严厉的规章制度间寻找缺口，极力打擦边球，因为整个行业已经趋于浮躁，大家习惯了用预售产品收入补贴现金流，用远水去解近渴。

到了2020年，"新冠疫情"让大家真正体验了一把弹尽粮绝的感觉。和它相比，"非典"的破坏性根本不值一提。

这一次，某知名电商开始尝试直播营销，获得了较高关注，但是，它却不能像2003年一样再为行业造势了。充其量，直播营销为某知名电商自身带来了一些用户，却不会出现大批量订购产品的局面，因为旅游产品最终要通过线下交付服务。即便线上的"秀"再精彩，也只是一个纯粹的吸睛表演。

也就是说，很多人鼓吹的"预售模式"，在"新冠疫情"面前几乎无效，毕竟"新冠疫情"在全世界持续时间之久，范围之广，前所未有，消费者对产品服务能否交付，始终存疑。于是，旅行社连远水都没有了，无力展开自救。

归根结底，旅行社盈利模式太过单一，就是靠销售旅游产品和服务盈利，早已形成了发展疲态，如果出现超过三个月的不利行情，现金流必然受到威胁。

难道，旅行社只能坐以待毙么？小重的经历，为我们打开了另一个思路。

1.4　重启前的必修课

"争取坚持得再久一点。"

2020年终于过去了，坚守的旅行社勇士们希望能看到一丝曙光。然而事与愿违，2021年春节前夕，国内部分地区疫情反弹，各地发出倡导就地过年的建议，一些地方还给予了补贴。

旅行社又一次被打蒙了。心心念念的报复性出游，结果变成了本地游。既然是本地游，游客们都轻车熟路，谁会用到旅行社呢？

小重非常怀念两年前的春节，当时，他正带着几位高端客户去日本滑雪。酷爱滑雪的他，不仅自己爽了一把，还赚个盆满钵满。

由于2020年的疫情重创，小重展开了各种自救行动，包括开展类似免税店的业务，以及转型国内农庄游，只希望能坚持得久一点，熬过这场超级危机。

到了2020年底，眼看滑雪季就要到了，小重准备设计几个国内高端滑雪产品。9月开始，他频繁前往东北地区，会同行业人士设计出几个可行的滑雪产品。不料，年底东北出现局域疫情，让游客根本不敢出行，新设计的产品派不上用场，白搭了人力物力。

小重陷入深深的思考：危急时刻，是不是根本不应该开发新产品呢？长期以来，专家们也一直在思考这个问题。

自20世纪90年代以来，我国旅游产业蓬勃发展，市场以亿元级规模扩大，但是，作为产业的中流砥柱，旅行社的利润却不断下滑。早在1996年，我国旅行社的年平均利润率，就比1992年降了10个百分点，仅2%左右。到了2005年，旅行社的年平均利润率直接猛降至0.11%，处在整体亏损的边缘。

要知道，从1992年到2005年，我国人均GDP和旅游消费水平连年上升，旅行社利润却与之倒挂。

我曾写过一篇文章，说我国旅游市场足够大，大到可以容纳四万多家旅行社同时生存；我国旅游市场又足够小，小到仅能让少数几家旅行社实现盈利。难道，我国旅游市场机会不多了吗？我国旅游行业已不再是"朝阳产业"了吗？

其实我们无须责怪别人，造成这种局面的核心原因在于，旅行社行业的准入门槛低，无论是注册旅行社，还是来此供职，均无太高要求，因此，大批淘金者络绎不绝地进入这里，一杯一杯地分羹，直到把整个行业的利润狠狠拉低。

由于利润降低，很多旅行社不得不在产品上做文章，加大购物和自费环节的利益榨取，侵占游客的合法权益。

这种恶性循环，直接威胁到旅行社行业的健康发展，于是乎，专家们提出了一个建议：让大旅行社和中小旅行社区隔发展。大旅行社可以开展大而全的综合服务，中小旅行社适合走差异化路线，开发特色产品。

对此，专家们给出了理论解释：旅游产品的核心价值是愉悦，无论传统观光旅游产品还是特色休闲旅游产品。如果中小旅行社能够在有形产品和附加部分实行差异化,开发出定制化产品,如自驾游、户外游、家庭游、美食游等等。这样,中小旅行社可以为各自的产品赋予不同内涵,形成差异化优势。

小重屡次前往东北设计滑雪产品,正试图通过产品差异化走出危机。

可是,这终究是专家们的一厢情愿。走差异化路线,只是中小旅行社的一个可以尝试的选项,但真正盈利很难。

在现实中,大旅行社和中小旅行社都面对着产业链中的丰富场景,不论开发什么产品,都离不开大量的客户资源、完善的信息和大量沉淀资金的支撑。普遍承受着客源、信息和资金压力的中小旅行社,很难开发出诱感力十足的产品。即便开发出了差异化产品,也很容易被他人复制模仿,过不了多久,就会变成普通产品。

我们曾说过,在小重这些勇士的坚持背后,存在一个担忧:疫情之后,大中小旅行社全都处在一条起跑线上,难免在冲锋陷阵时误打误伤。

如此的话,我们就不能在现阶段投入太大精力开发新品,因为旅游产业轰轰烈烈发展到今天,最不缺的就是产品。

疫情之前,一位资深旅行社负责人有个"癖好"——包机。他钟爱包机,为此不惜花费几十万元甚至几百万元,认为这样就能垄断产品渠道,夺得先机。但他有没有想过,这一套行动的最终目的是什么?不是要获得游客的订单么?最后,他为了快速去库存,不得不委托同行们一起营销,否则一定是损失。

可见,挖空心思构想产品,不如想办法把现有产品营销出去。

我认为,**花心思搞好营销活动,能让旅行社渡过难关**。前提是,**我们要彻底搞明白游客的心思**。

第二章

最强旅游大脑

为什么市场越来越大,旅行社的生意却越来越不好做?

这就是旅行社行业最大的迷茫与悲哀。很多人已经不知道自己需要做什么?还能做什么?以至于迷失了自我,四处乱碰乱撞,直到头破血流,伤痕累累。

问题出在哪里呢?

答案就是一个"懒"字。

说到这里,很多旅行社从业者一定会感到愤怒和委屈。在旅行社,从老总到经理,从导游到销售,谁不是起早贪黑,熬白了头发,不就为了在那日渐稀薄的利润中活下去么?

这一点我很理解,也深有体会。不管职位高低,不论职责差别,只要有团队业务在手,就没有休息时间可言,尤其是与目的地存在时差的出境游线路,一旦团队出现特殊状况需要处理,即免不了通宵工作。

要说哪种特殊状况最可怕?人力不可抗力因素应该排第一。比如说,如果目的地赶上雷雨季节,有可能导致航班延误,或者景区关闭,严重影响游客行程。这时,旅行社上上下下都要紧急应对,若处理不当,很容易产生纠纷。

所以,没有一位旅行社从业者不是在操心与忙碌中度过,他们一点也不懒。

之所以说"懒",并不指行动,而是指思维。

在繁杂琐碎的忙碌中,很多旅行社从业者的思维没有跟上时代节奏。要知道,我们在2020年就进入了高维信息财富时代,如果思维还停留在过去,则注定与财富无缘。

这正是:开旅行社简单,开好旅行社还得看个人的综合能力,关键是思维高度。

危机之中,大家还需戒骄戒躁,不妨静下心,来一场思维升级。

2.1 高维寻道者

目前来看,旅行社行业准入门槛低,属于赚快钱一族,这让大家终日穿梭于食、住、行、游、购、娱等琐碎元素之间,满脑子想的都是这一团怎么能多赚点,下一团怎么能收上来,无力再考虑更深层次、更极致的问题,比如:

我们如何才能生活得更好?

我们怎样能破解当下的困境?

为什么马云成功改写商业进程,难道他比我们聪明吗?

你肯定会说,上述深层次的极致问题,想通了又有何用?能改善经营环境么?

其实,我们通过对这些问题的深入思考,旨在获得一种高维智慧。不要小瞧高维智慧,拥有了它,我们很可能获得超乎常人的判断力,对事情观察将变得透彻,根据当前所发生的事情,就可准确预测事情发展方向。

各行业中的顶级高手,无一不在链接高维智慧,从而集聚顶级能量，尤以艺术、科技、文化行业最明显。

话说2004年，对于国内有出境资格的旅行社而言，意义重大。那一年，大家可以正式开展中国公民赴欧洲的团队旅游业务。

由于欧洲历史文化资源十分丰富，一时间，各种欧洲游产品层出不穷，真是"乱花渐欲迷人眼"，但无论怎么变，有一个景点肯定不能少，那就是法国巴黎的卢浮宫。理由很简单，它是欧洲首屈一指的代表名胜，也是在欧洲地区知名度最高的地方。

此后，卢浮宫的门前常有大批旅游团排队等待，尽管参观者多是普通百姓，并不熟悉馆内所有珍品，但有一件宝物，每个人都期待与之邂逅。没错，它就是世界名画《蒙娜丽莎》。

《蒙娜丽莎》的出名，与创作者达·芬奇息息相关。

达·芬奇生活在欧洲文艺复兴时期，现代学者称他为"文艺复兴时期最完美的代表"。除了《蒙娜丽莎》，他的《最后的晚餐》和《岩间圣母》等画作同样享誉世界。

达·芬奇的画作之所以出名，并不只在于绘画技艺本身，更在于达·芬奇为它们赋予的高维含义。在达·芬奇看来，地球上最美、最值得研究的目标就是人体，这可是开工造物的最奇妙之作，因此，有思想的画师们，应该用画笔赋予人体之美好。

这一艺术思路，为达·芬奇的画作带来高层级意义。事实上，他不只有精湛的艺术造诣，还是一位全才。

都说达·芬奇的思想够深邃，学识够渊博，同时身兼天文学家、发明家和建筑工程师，并擅长雕刻、音乐、数学、物理等等，据说还留有6000多页的手稿。

可以说，达·芬奇用一种高维智慧打通了世界主流学科，并用绘画的形式来体现，如此成就了传世杰作。

也可以说，所有伟大艺术家的传世杰作，都是通过创作者与高维智慧链接而产生。这种创造力，均携带着顶级能量和高维智慧。

在现代社会，同样有这种顶级高手。

2010年，一款名为"iPhone4"的手机在全球发布，这种双面玻璃加金属中框的设计，以及首次前置摄像头的做法，颠覆了传统手机的外观。当时，手机行业老大"诺基亚"并不在意，认为"iPhone4"这种不伦不类的产品根本没有市场，更不会对自己构成威胁。

不料，"iPhone4"在当年以迅雷不及掩耳之势火遍全球，受到了大批消费者的追捧，在首批上市的近百个国家和地区中，不到三天销售过百万台。

在我国，同样出现了供不应求的场景。依稀记得，"iPhone4"在我国开售的时候，北京三里屯的苹果直营店外早早就排起长队，有很多人还是从京外赶来，在开售前一天晚上钻进睡袋，直接睡在店门口，只为能在第一时间抢购。

直到这时，"诺基亚"才恍然大悟——这个对手实在不简单！

"iPhone4"是苹果公司所推出的，对手机行业带来极大改变的产品，给消费者带来与众不同的体验，包括清晰而实用的屏幕体验效果等等。此外，它通过强悍的产品和系统生态，直接改变了人们的生活方式。

由此，苹果公司由工业设计结合电子技术，直接把互联网行业进化为移动互联网行业，进而重构了商业系统，此后的"微信"和APP等新型社交圈层，均建立在此基础上。

如此智能化的创新产品，让苹果公司长期霸占全球最赚钱的商业公司首位。

尽管质量一流、知名度高、渠道广泛，"诺基亚"却在智能化产品的道路上落后了。虽然他们开始调整战略和策略，改造升级系统，仍无法解决系统应用少、软件供应商不断流失的问题，市场被进一步侵蚀，只能在2013年黯然退出手机舞台。

当时的整个科技领域，能和苹果公司创始人乔布斯抗衡者，寥寥无几。乔布斯堪称"奇才"，他不仅对工业设计的极简主义有完美追求，还有高深的艺术造诣。最重要的是，乔布斯十分洞悉人性，明白世人需要什么，喜欢什么。于是，出自他手的产品总能引领潮流。

从某种意义上讲，整个苹果公司的商业价值，就源于乔布斯的颠覆性创新。随着产品大卖，乔布斯也成为一代人的偶像，他的精神、智慧和价值观广为流传。

早在2007年，"iPhone1"就发布了。基于产品特性，"iPhone1"的颠覆意义巨大，但并不为世人所熟知。

事实上，用过"iPhone1"的人并不多，因为产品缺陷太多，甚至连"复制粘贴"功能都没有，因此，它并没有得到强力营销。直到三年后的"iPhone4"，很多问题解决了，乔布斯才掀起革命性营销。

或许，这就是乔布斯头上最闪耀的光环，他懂得试错和修正，在强大的自信中又不极端、不急躁。

随着乔布斯的人生经历、处事理念和精彩言论逐渐流行，越来越多的人相信，乔布斯全方位的才华和灵气，源自一种古老的东方哲学——禅宗。

大学时期，乔布斯就对禅宗产生浓厚兴趣，到处搜罗相关书籍。其中，有一本名为《禅者的初心》的书，给他留有难以磨灭的印象。这本书大抵想要告诉读者如何保持禅修的初心，如何规避各种习性的羁绊，从而切实修禅。

这本书的作者是一位日本禅师，名叫铃木俊隆。《禅者的初心》是他的美国弟子对他坐禅时演讲内容的整理辑录，非常适合欧美人了解禅宗文化。

禅宗是什么？我们可将其理解为一种生活艺术，能够激发智慧并消除烦恼。修习禅宗在当今世界很流行，做管理的人懂得"禅"后，洞察力和判断力会有提升；搞艺术的人懂得"禅"后，作品的境界就会加深；做业务的人懂得"禅"后，情商和人格魅力会有加强。

说了这么多，并不是让大家一定都去修习禅宗，而是佐证一个道理：改变行业的世界级高手，都能从高维智慧中获取能量！从达·芬奇到乔布斯，他们的智慧绝不局限在主业中，而是浸泡在最高级的思想理论中。这种跨越时间和地理隔阂的思想理论，可以让人凌驾于主业之上，用更大的格局去创造，之于对手而言，这正是降维打击。

因此，乔布斯为很多科技和商业从业者带来一点启示：如果我们能多一双慧眼进行战略思考；多一些唯美的艺术设计，对自己所处的行业即有了引领价值。

在旅行社行业，我们还没有看见诸如乔布斯一样的奇才。当大家按部就班、疲于奔命时，很容易遭受外行业的降维打击，特别是互联网行业。

互联网行业依靠自身的技术优势，打破了旅行社和游客之间的信息不对称，并为游客提供了一个线上渠道，直接抢夺最优质的年轻游客市场，扰乱了旅行社的惯有生存条件。于是，旅行社被迫线上化发展，让别人牵着鼻子走。

然而，一味跟随互联网行业进行线上化，难免落入"诺基亚"的境地。其实，我们大可静下心来想一想，互联网真的已经实现全面的降维打击了么？

要知道，互联网并不是进入一个传统行业就会立刻造成降维打击，只有具备该行业的基本元素，才有可能形成打击力量。我们深知，旅行社行业并不会因为互联网技术的加入，就迅速形成降维。对游客而言，他们在意的，终究是食、住、行、游、购、娱。

2.2　与高维智慧无缘的日子

以前，我很喜欢去参加各行各业的学习活动。

同时，我很关心有没有同地区的同行在现场学习。

这是一点自私心在作祟。只要没有同行来学习，就意味着我有超越的机会。尽管互联网技术拉平了整个旅游世界，但旅行社同业间的信息不对称依然存在。当我们的资源和人脉丰富时，仍能暂时获得领先地位。

自改革开放之初，一直到2000年左右的二十年间，我们处于"产品短缺"的环境中，加之廉价劳动力充沛，各行业发展效率较低，导致大家的目标只有一个：尽快把各种产品运送到社会各个角落。

那时，大家头脑中并没有"商品"的概念，只有"产品""生产"和"流通"。一旦插手经销、批发，搞个实体店，谁都能赚钱。

记得20世纪90年代，我的老家河北邢台一带，非常流行大型集市。集市上经常见到有人销售从南方批发的新式服装和精美面料。这些漂亮新鲜、价格低廉的服装面料吸引了大批人购买，几乎无人讨价还价。

毕竟，当时的市场由卖方决定，在供不应求的状况中，赚差价成了创造财富的核心手段。当然，卖方也促进了商品流通，为商业繁荣做出贡献。至少，他们都是勤奋肯干之人。

既然要赚差价，大家就是凭着对非公开消息的掌握程度来竞争。有一批来自浙江温州的人，从小生意开始，在跑遍全国各地的过程中，逐渐掌握了独家行情线索。由此，他们在短时间渗透至全国市场，成为首批致富的商人。

那些年，旅行社行业同样过着卖方强势的好日子。

可以说，旅游市场的形成正源于信息不对称。随着人们生活水平和消费水平的提高，出门旅游的欲望越来越强，但因为信息不对称，大家并不了解外地的物价、风土和人情，不熟悉当地的语言、习惯、餐饮，甚至都不知道哪里好玩。于是，在人们出门旅游的强烈欲望中，还夹杂着对陌生异地的恐慌情绪，从而产生了参加团队旅游的需求。

改革开放之初，大家出趟门并不容易，在那个从邢台去趟天津都要兴奋好几天的时代，大家普遍担心自己在外地无法独自处理突发状况，于是选择相信旅行社。

在特定市场环境下，先发优势的旅行社拥有了一定垄断权，我国三大旅行社品牌（中旅、中国国旅、中青旅）格局随之形成。

这个好日子，一直持续到互联网和电子商务的兴起。

从2003年"非典"之后，我国一下子进入电子商务时代。在生产方式没有改变的时候，人们的消费心理却发生了重大变化。

通过电商平台，产品的质量、价格、原料、成本等信息在公众面前展现得一览无余，很多传统经销商和实体店的同质化问题暴露出来，彻底打破了传统商人的差价赚钱逻辑，加之物流行业的飞速发展，商品完全流通起来了。

于是，一些思想前卫的人，在低成本、大渠道的诱惑下，开始在电商平台上开网店，并收获了第一桶金。

由于电子商务打破了空间限制，更容易产生边际效应（在成本最小的情况下取得最大的经济利润），而其核心就是扩大规模，所以网店经营者们尽可能主打"爆款单品"。

当然，在网店经营者们致富的同时，电商平台也不忘给自己谋红利。在一来二去的生意中，他们主导着商品的流量和排名，并得到了可观的利润。渐渐地，诸如阿里巴巴和京东在内的电商平台崛起，并迅速成长为商业领域的庞然大物。

只不过，任何一种新型商业模式，都难免存在瑕疵。电子商务带来海量商品的同时，引导着网店经营者们疯狂追逐"爆款单品"，进而出现了严重的同质化经营。

既然商品大同小异，消费者就很容易进行比价选择，直接触发了商家的价格战，并且越来越激烈。在不断的促销营销中，网店的成本不断攀升。直至今日，同质化经营和价格战促销依然是电子商务难以摆脱的顽疾。

另外，在生产端还有一个变化在悄然酝酿中。

因为生产效率提升，各行业一直加速生产，数不清的产品不仅填补了各项市场空白，还形成了产能过剩。这是一件很可怕的事。产能过剩改变了供求关系，由过去的供不应求，转变为供大于求，让消费者的选择余地越来越大。因此，消费者开始讲究品质，讲究性价比，甚至开始挑剔各种不足。

对于经营者而言，在供大于求时，无论什么商品，都急于脱手，生怕砸在自己手里。所以，在这个阶段，很多传统制造机构纷纷倒闭，创业的人需要考虑风险问题，各行业的竞争开始加剧。旅行社行业当然也包括在内。

2000年之后，虽然互联网和电子商务打破了旅行社行业的信息垄断，让旅行社不再享受高昂的差价利润，但说句实话，我国旅游市场规模之大、潜力之大，超乎想象。在淘金者不断聚集，竞争不断加剧的同时，旅行社行业形成了规模化运作。

规模化运作能带来什么？从好的一方面看，规模化运作让旅行社有了服务标准，并在供应链上具备了议价能力，进而节约了成本。由于游客人数的猛增，旅行社完全可以在酒店、餐饮、交通、景区门票上按照标准化操作。久而久之，有经验的旅行社可以优化流程，规避不必要的支出，并设置服务标准。

由于团队产品的规模化运作，旅行社要大批量采购酒店、餐饮、交通、景区门票，这种巨量级客源掌控水平，为旅行社带来了强大的议价能力，涵盖食、住、行、游、购、娱各个环节。

对于供应商而言，为了扩大规模，获取边际效应，通常会以十分友好的价格面对旅行社。很长一段时间，旅行社代理着景区门票、旅游保险、酒店预定、赛事门票、邮轮及航空票务等业务。

从坏的一方面看，规模化运作让旅行社从业者长期陷入一种僵局。在规模至上的思路下，大旅行社和中小旅行社一起抢客源，猛推团队产品，滋生了各种价格战和无序竞争。渐渐地，大家走入一个"围城"，在里面勤奋地乱撞，试图找到突破口，鲜有人能做出进一步思考。

大家当然也没想到，乔布斯的"iPhone4"，在2010年之后不仅颠覆了整个手机行业，还把整个互联网带入到移动互联网时代，整个大商业环境随之改变。

此后，消费者的主要需求不再是如何快捷地找到商品，如何买到性价比更高的商品，因为丰富的商品已经足够多，而且基本都在打折促销。越来越多的人，升级为如何找到有价值的商品，如何发现最适合自己的商品。

可见，消费者眼中的有价值商品，仍然很短缺。这时，生产端又发生了微妙的变化。多思考了一步的人，就想到了如何为商品增值。其中，"聚焦"和"个性"许多新品牌的市场着力点。

在"聚焦"方面，生产端开始注重某一功能的深度开发，力求做到极致，这导致整个品牌越来越聚焦、越来越专注，最后干脆服务特定人群。当很多人效仿这种商业行为后，"细分市场"概念出现了。

在"个性"方面，生产端取消了千篇一律的产品形式，开始尝试为消费者量体裁衣，走个性化生产路线。

这是一种世界发展趋势。在2013年，德国提出了"工业4.0（第四次工业革命）"概念，旨在通过信息智能手段提升效率，并实现个性化的生产供应。到了2015年，我国提出了"中国制造2025"战略，全面提升生产制造水平。

毫无疑问，未来市场所接纳的商品并无统一标准，一部分消费者与另一部分消费者钟爱的商品可能完全不同。而且，这两部分消费者完全不能理解对方的心思，也根本不想搞明白。大家"井水不犯河水"，各有所爱，各取所需。

这意味着，任何单一品牌也很难再一统天下。

在多元化的时代特征下，买方市场日渐强势。所有人都明白，同质化竞争和价格战是无脑行为，新晋创业者们极力寻求一个崭新的立足点。

很可惜，旅行社行业始终缺少一股子引领时代的劲儿，大家按部就班地忙碌着，拼资源，拼规模，拼底价，眼睁睁地看着互联网和电子商务培育起了一种新的旅游方式——自由行。

自由行，对旅行社传统业务的威胁程度相当严重，几近釜底抽薪。

统计数据显示，在2017年，我国游客出境自由行占比53%，国内自由行的占比已经达到97%，后续几年，这一比例还在增加，有趋近于100%的势头。与之对应的是，国内游团队人数减少了10.5%。

也就是说，虽然我国旅游市场持续扩大，但对旅行社利润贡献最大的团队游市场，却在萎缩，主要是因为国内游的透明化和便利化，让大家选择了自由行。

于是，旅行社的整体利润被砍掉一半，只剩下了出境游，随后的危机一个个接踵而至。

即便到了这一步，整个旅行社行业也没有升腾起高维智慧。因此，我们亟须冷静下来，好好想想这个问题：难道，你不怕残存的出境游市场也会被侵蚀么？

2.3 给自己深度思考的时间

凡事应该从好的一面去看，比如说，始于2020年的"新冠疫情"，为我们旅行社的业务摁下了一个超长时间的暂停键，给我们提供了一个难得的深度思考时间。

老人们常说："万般皆是命，半点不由人。"这话虽然带有迷信色彩，却也有一定教化作用。

从表意上看，这话是说：很多事情都是个人命中注定，命运已经安排好了很多事情。不过，这是适用于无能力改变自己而顺其自然的人。对于不畏艰难险阻而努力向前的人，命运总会给你超越对手一步的机会。

2021年5月的某天，一位旅游行业前辈向我询问近况，想知道旅行社从业者大抵面临什么难题。

"要说日子好过，那是假话。其实，大家都处在战战兢兢的状态。对于我，也一直思考有没有破局之道。"面对这位前辈，我说出了实话。

是的，我需要冥思苦想，当然你也需要，如此才能链接高维智慧。

在刘丰博士所著的《开启你的高维智慧》一书中讲了一个非常重要的理论：一切安静的聆听和冥想，都是帮助我们链接高维智慧的心法。

我们该如何通过冥想来链接高维智慧呢？

刘丰博士系统梳理了东西方多元文化及思想哲学，获得启迪的同时，与各种文化间产生共鸣，于是，他试图在不同的文化系统间构建关联关系。

刘丰博士发现，如果不链接高维智慧，人会容易在自身所处的行业中形成思维定式，并执着于某一个固有定义中，产生不必要的困扰。因此，不论身处什么行业，都要向上看，朝上想。

所谓"条条大路通罗马"，链接高维智慧，并不受行业的限制。

当年，我常推荐同行们看《三体》，但很多人表示其情节太复杂，看不懂，有些费脑子。费脑子就对了！这正是"开卷有益"，由一股无形的力量引导我们多思考一些问题。

《三体》不只讲述了一个故事，还蕴含着天文、政治、物理、数学，甚至计算机编程方面的知识，并形成了一种宇宙级别的社会学。

简单来说，《三体》讲述是一个比人类拥有更高文明和更高智慧的三体星球之人，对地球进行毁灭性攻击，以及人类如何积极应对的故事。

想看懂《三体》，需要借助一点科学常识：在我们生活的这个地球上，"一维世界"是一条线，"二维世界"是一个平面，"三维世界"是一个空间，人类就生活在三维世界的空间中。

那么，我们人类生活在三维世界，是不是属于最高层级呢？

并不是，在三维世界的基础上，再加上时间轴，就构成了"四维世界"。由此，从理论上来说，我们周围不仅有一维、二维、三维，还会有四维、五维、六维乃至更高的N维世界，而且，每一个维度的生物智慧都远远超过前一个维度的生物，就好比人类可以用头脑和工具轻松掌控蚂蚁一样。

这个道理，在战争中被体现得淋漓尽致。古代冷兵器时代，人们在地面上发动战争，彼此都在同一个平面上作战，完全依靠人海战术。自从飞机问世以后，拥有飞机的人，可以在更高的空间，对地面上的敌人进行毁灭性打击，就是高维碾压低维。

同样，待发明潜艇后，人类又多了一条深海攻击的渠道。

在《三体》中，高维打低维是毁灭性的，如空袭一般，而低维打高维，是适应性的，比如要攻击飞机，必须要在它停留在地面之上，没有起飞之前，才能对其进行毁灭性打击。同样，人类对抗更高维度的生物时，首先要把它拉到三维世界，然后与之作战，才可能有胜算，尽管胜算微乎其微。

说了这么多关于高维智慧的内容，至于旅行社行业来说，它不仅能让我们在短时间想明白很多问题，还能帮助我们在短时间获得客源。

2.4 游客还会买单吗？

"看来大家的日子都不好过。那么，大家普遍遇到的是产品问题？还是客源问题呢？"

2021年5月，在一次私人沟通中，一位旅游行业前辈在向我询问近况的同时，想了解从业者们大抵面临什么难题。

"这两个问题都有。从长期看，我们的产品存在问题，需要升级；从短期看，我们的客源出了问题，这是最要命的，事关我们能否生存下去。"

我在回答前辈的同时，自己仔细思考了一下。的确，"新冠疫情"把旅行社推到了一个风口浪尖上，关于"旅行社还有没有客源"的争论，一直不绝于耳。

我们曾说，旅行社的困局不是来自产品，而是来自营销。

关于营销，横在旅行社面前的障碍主要有两个：

第一，从业者自信不够，悲观者众；

第二，从业者维度不够，获客不力。

先看第一个障碍。长期以来，很多旅行社人士不够自信，悲观者众。在他们看来，近十年来全球社会竞争加剧，人们的生活和事业成本陡然上升，需要精打细算过日子。这时，旅游消费就不再是他们的主要支出。

即便要出游，大家也会选择经济型的国内自由行。从2021年的"五一"假期情况可见，虽然旅游市场明显回暖，但仅有自由行业务受益，属于旅行社的份额仍然很少。

放眼今日之中国，还远未"定型"，整个社会格局和行业结构，还在发生着变化，任何行业与个人，都不具备坚不可摧的壁垒。同理，任何行业与个人，都有逆袭的机会。

对于社会压力，需要相对于社会发展程度和资源开发程度来判断。虽然北、上、广、深这些一线城市的生活成本高，但随着个人追求的不断细化与升级，很多人已经考虑到其他城市发展。这谈不上对错，更无法定义优劣，只是人生选择的不同，所以，当压力增大时，聪明的人自有缓解方法，不至于把自己锁起来永不出游。

其实，旅游这块市场在未来还不会明显萎缩，毕竟旅游是人们开阔视野，增长见识的一种重要手段。这一道理长久不变，而且，越是信息发达，公众越是渴望遇见真实的外界。

实际上，大多数游客都是平凡之人，他们的日常生活和工作很平淡无聊，但他们依然有精神上的追求和对美好生活的向往。旅游，就是对美好生活向往的一种实现捷径，任谁都不会拒绝。

渐渐地，能出门，能出远门，成为一种人生意义。你会发现，很多人在旅游中有一个必备动作——发"朋友圈"。可以理解，他们试图让朋友感受自己旅途中的点点滴滴，让大家见证自己曾在美好的景致前留下足迹。

在信息爆炸的今天，大家有机会接触各种各样的知识，尤其是关于异域思想的知识。

很多人在读过柏拉图哲学、古希腊思想与制度运作之后，会由衷赞叹古希腊文明之伟大，同时，他们也渴望去欧亚大陆上的古希腊遗址亲眼看看，或在雅典卫城帕特农神庙前亲自感受一下。

很多人在有了孩子之后，会教孩子认识各种动植物。这时，他们会发现自己生活的周遭没有足够多的动植物种类，于是萌生了想法：带孩子去热带雨林或非洲草原，一起探寻各种稀奇古怪的动植物。

这，就是未来人们的旅游刚需。

再说大家的另一个担忧——自由行对旅行社业务的冲击。

同样，这种担忧只是看似有道理。不可否认，自由行直接把旅行社的国内游生意切断了，但是，它不至于断了旅行社的活路。

在此，我们需要通盘考虑这三个因素：

1. 自由行群体基本以年轻人为主。如果是家庭出游，尤其是带着老人和孩子出行的话，多数还是会选择旅行社，毕竟出门在外要面对太多的琐事，全部自己处理就太麻烦了，选择旅行社可以少操心、少劳神。

2. 旅行社的团队产品会走相对成熟且安全的路线，并尽可能在有限时间网罗更多景点，而自由行多满足游客猎奇心理，主要形式为户外游、城市游或度假游，二者并无强烈的消费冲突。

3. 对于普通百姓来说，出国的机会毕竟有限，很多人会借着一个难得的超长假期出境旅游。在长线出境游线路方面，旅行社团队产品在价格和交通方面无疑更有优势。

因此，旅行社的团队业务生意，在"新冠疫情"结束后，仍有可经营的空间，而且，这个空间足够我们回血，关键看谁能走进游客的心里。

这就事关横在旅行社面前的第二个障碍：从业者维度不够，获客不力。

要想解决这个障碍，我们在获客方式上务必要提升一个维度，圈住自己的游客，切入最重要的需求点。

2020年之后，整个商业环境的核心不再是商品，而是消费者。当消费者的眼界和格局持续提升时，让他们买单成了一件难事。

这时，高维智慧可以发挥作用，引导游客为产品买单。拥有艺术与科技融合魅力的乔布斯，每次走上演讲台，总能引人关注。之前流传有一种说法：观看乔布斯的演讲，可以刺激人大脑分泌多巴胺，从而产生愉悦感。于是，观者在精神被调动的同时，对产品有了更多的好感。

的确，在乔布斯之前，我们很少看到吸引力很大的商业演讲，乔布斯算是开创了一种风格是：通过故事吊人胃口，通过调整演讲风格持续制造悬念，激发观众热情，调动观众情绪。以至于，在2010年后的很长一段时间，苹果产品发布会总能登上头条。除了对产品的关注之外，乔布斯的演讲内容本身也很有价值。

甚至，在全球掀起了一股模仿乔布斯的风潮。直到2021年，整个互联网行业仍在流行相似的演讲风格、发布会风格、PPT风格，甚至穿衣风格，因为这是一种高维度打法，效果最佳。

反观旅行社行业，高维度打法十分罕见，游客对于团队产品的选择，更多基于从众心理。因此，我们应该开启游客的高维智慧，让他们遵从自己真正的内心，自行做出选择。

我们都知道，现代社会瞬息万变、物欲横流，数以亿计的凡人"终日奔波苦，一刻不得闲"，大家普遍失去了聆听和冥想的机会。这时，如果我们能用专业知识为游客来一次高维链接，让他们得到安静的聆听和冥想，自行做出选择。如此营销，谁可以在最短的时间抓住游客的心锚，谁就能获得成功。

还记得我们在开篇时曾提及的一件事么？

我在管理工作中发现，很多旅行社在营销方面存在"迷之行为"，甚至还有销售竟然如此强调卖点：

1. 全程无自费项目；
2. 全程只进两个购物点；
3. 我们的团费比您自己购买的机票还便宜。

显然，这种古老而落后的话术，不仅无法抓住游客的心锚，还会让游客对团队产品心生反感。

如果有过分在意价格的中老年游客，不愿意考虑报价更高的旅游产品，我们完全可以从反向角度出发，让他自己去发现自己的矛盾点。

抓住矛盾点，机智促单

"您真有经验，第一时间就发现了这款产品价格很高啊。"

当你这样说后，游客会因此进一步自我肯定："当然，我以前做过生意。很明白你们的价格构成。"

"是啊，您事业成功，财富肯定已经自由了。那么，您还需要进一步追求财富吗？"

由于沉浸于自信，游客多会回答："不至于，不想那么累。"

这时，你可以马上说："选择一次高品质旅游，连年轻人都羡慕您，不是吗？"

上述这般操作，更有可能得到游客的认同。可见，一切关于销售的秘诀，都在人性中体现。高手懂得如何讲故事，通过故事影响游客，在其心中种下希望，这是高明做法，而平庸的营销只会说产品、讲道理，徒增对方反感。

可以说，未来一切关于商业的竞争，都是占领心智的竞争。想要控制高点，必须通过高维智慧。

第三章

拯救旅行社

家住东吴近帝乡。平生豪举少年场。十千沽酒青楼上，百万呼卢锦瑟傍。

身易老，恨难忘。尊前赢得是凄凉。君归为报京华旧，一事无成两鬓霜。

这是我很喜欢的一首词，出自南宋文学家陆游。

很明显，整首词中透着一股子叹息。陆游生于乱世，一直有个英雄梦，希望为民族驰骋沙场，上阵杀敌，并以名将姿态流芳青史，然而，种种现实让他无法施展能力，只有壮志难酬的悲怆，眼睁睁看着年华流逝。

这种无法扭转现实环境的残酷，和当今旅行社从业者面临的境况如出一辙。2003年以后，整个大环境对旅行社的确不够友好，而旅行社自身又出现了很多乱象，这让从业者感到无力和焦虑。

其实，旅行社行业汇集着一批精英，有着高于他人的精干、耐力与包容。我一直相信一点，命运不会绝情，永远会在门与窗之间为我们留出一条路。关键是，旅行社的种种问题，只有我们自己去解决，诸如利润和转型的困惑、综合管理的不足，以及如何树立信念。

还是那句话：这是一个最坏的时代，也是一个最好的时代。

3.1　赚钱之殇：利润都去哪儿了？

2019年冬天的一个晚上，北京北三环路边的一个小餐厅里，我们见到了久违的小重。

"每天晚上至少要忙到11点，勤勤恳恳一整年，我们的利润还不如去年呢，你们怎么样？还好吗？"

小重边脱外套边说。

"我们也就是有策略地亏损吧，得换着花样做活动啊，不然就没有客源了。"

很多人抱怨，做旅行社业务没有挣到足够的钱，因为这个行业的整体利润越来越低。

且看两组数据：

在2015年，根据国家旅游局的统计：我国旅行社营业利润18.60亿元，平均每家旅行社年营业利润只有6.734万元。

到了2020年，根据文化和旅游部统计：受"新冠疫情"影响，我国旅行社营业利润为-69.15亿元。按照旅行社总数为40,682家推算平均值，每家旅行社至少亏损16万元。

此前我们提到过一个问题："为什么市场越来越大，旅行社的生意却越来越不好做？"

这就涉及另一个极致问题："利润都去哪儿了？"

英国古典经济学家亚当·斯密有一部惊世之作《国富论》，里面就提到了"利润"。

亚当·斯密在著作里曾表示，利润减少不是商业衰退的结果，相反，它恰恰代表着商业的繁荣。

按此逻辑，只要是赚钱的行业，未来会有更多品牌诞生，无论我们多么勤奋，总会有其他竞争者不断涌现出来，用更便宜的价格与我们竞争，增大我们的经营难度，削减我们的利润。

不只是旅行社，整个旅游行业都是如此，包括酒店、餐饮和演出。随着整个行业不断开发成熟，会引来更多的资本和淘金者，这就是利润减少的前兆。

在互联网技术普及后，普通人创业的门槛被进一步拉低，这就意味着竞争会越来越充分，而当竞争绝对充分的时候，一切利润都会无限趋近于零。

欧洲游线路刚开放的时候，尽管团队产品利润很高，但整条线路的开发过程非常艰难。要真正做出一个经典的团队产品，需要从产品设计、线路走向、交通安排、服务流程、整体运营、领队培养等方面下很大的功夫，必要时还需要旅行社负责人多次实地考察和用心挖掘，深度发现最有趣的目的地体验。对于有心人而言，还需要和游客做朋友，用长期经营的心态不断传播温度和旅行价值观。

后来，当这套产品流程操作成熟稳定了，各种复制模仿者纷至沓来，竞争加剧。

再后来，自由行模式兴起后，旅行社从业者又是一阵叹息，感觉自己的利润又被瓜分了。

殊不知，自由行业务本身的利润，也在不断减少。

想想看，是谁在主营自由行业务呢？当然是那些财大气粗的线上旅游机构了。借由流量优势，线上旅游机构可以实施薄利多销的政策，加之机票、酒店、景区门票这些都是现成的标准化产品，可以迅速实现规模化，这种形式特别适合线上旅游机构。

因此，在2010年后，线上旅游进入旺盛时期，"携程""艺龙""驴妈妈"等机构获得大量青睐，同时涌现出一大批主打自由行的创业品牌，如"爱旅行""淘在路上"等等。

不过，自由行业务的大规模盈利现象也只是昙花一现。到了2015年后，几乎无人敢在该领域创业了，因为此前涌入的创业机构相继倒下了。

为什么呢？

首先，互联网行业本身竞争加剧，在2015年以后，在线旅游机构获取流量成本更高，融资更难。

其次，自由行的标准化运作淡化了旅游的服务价值，甚至不需要双方交流沟通，就可以直接下单采购，缺少温度和人性。由于缺乏深度的服务和沟通，在线旅游机构无法让自己和用户之间构建起足够的信任。

从业者有一种长期存在的错觉：自由行游客出行结束以后在系统中给予的好评，是对自己品牌的认可。其实，这些好评往往是给予旅游中的直接元素，如酒店、景点、用餐等等，并非给予在线旅游机构。

可以说，自由行并不是人见人爱的好产品，同样面临着利润减少，甚至归零的窘境。

究其根本，还是如亚当·斯密所言，商业的蓬勃发展，直接导致产品利润降低。那么，未来商业的出路在哪里呢？

依靠无形服务！没错，未来商业赚取利润，不是依靠有形产品，而是其背后的无形服务，尤其在有形产品的利润越来越低时，无形服务的利润更有意义！

不只是旅行社行业，当前有很多行业的表面生意盈利很低，甚至是亏损，但从业者却设置了另一条利润通道，采用无形服务盈利。比如说，汽车行业的有形产品利润越来越低，但售后及配套服务的利润却越来越高，再比如说，传统书籍出版的利润越来越小，但读书会等衍生服务的利润却越来越多。

之所以需要无形服务，主要因为人类因物质生活丰富而导致的精神迷茫。人越迷茫，越容易对无形的事物存在强烈需求，比如精神认同和心灵抚慰等等。

归根结底，能够读懂游客心理，能够从人性角度上提供服务的人，将在未来旅行社行业里获得足够能量。

旅行社从业者真的不能再纠结于产品本身了，因为这是个产能过剩的时代，哪家旅行社都不缺产品。我们要明白，抚慰好游客的心灵，调动起他们的情绪，讲好一个故事，就会有利润上门。

相对于自由行业务的标准化模式，团队产品拥有与生俱来的经营思维。只要从业者能珍惜每一次面对游客的机会，坚持长期主义的服务品质，就有可能拥有存量客户。

有一个毋庸置疑的趋势：在"新冠疫情"退却后，国内外均将启动新一轮的消费升级和价值驱动。在此背景下，出境游将进入品质阶段，旅行社更需要精准连接人与服务。

我们会发现，近十年来，国内休假制度和带薪休假制度日趋完善，将形成巨大的出境游潜力，特别是休闲度假旅游。对于未来，我们有必要多一份乐观。

实际上，旅行社自诞生之日起，就长了三只挣钱的手：

图3-1 旅行社三只挣钱的手

很多从业者抱怨，旅行社的这三只手越来越无力，我们才不得不另辟蹊径，探索走心的服务。

另外，大家关于"第一只手——信息不对称"存在一个争议。有人认为，互联网已经打破了旅行社的信息不对称优势，意味着旅行社的线下经营受到严重挑战，必要时，旅行社需向线上转型，不要在线下投入太多，要把线下作为线上的补充。

我认为，上述观点存在严重的片面因素。

3.2 转型困惑：线上线下孰重？

长久以来，旅行社的确手握"信息不对称"来做生意。

最初，旅行社掌握着游客们无法拥有的目的地信息，造成信息的不对称。出于对目的地的未知恐惧和诱惑，游客们对旅行社无比信任，首选团队产品。

后来，互联网将海量信息传递给游客，尤其是智能终端的普及后，信息化爆炸时代到来，游客对大千世界的了解越来越深入，以至于有人开始分析旅行社的盈利点。

记得2013年，我参加了一场关于旅行社渠道运营的峰会。那次峰会的主题就是在互联网时代下，旅行社的信息不对称优势受到威胁，大家是否需要转型。

在会上，很多旅行社人士表示应该向线上转型，减少线下投入，让线下作为辅助渠道。不过，有少部分人表达了不同观点。他们认为，互联网并不可能取代旅行社，因为互联网并不能给游客提供舒心和高质量的旅行服务，而且，互联网并不具备大交通的团购优势。

其实，大家所谓的"线上转型"，只不过是增加一个在线渠道，多了一个销售功能，并不生产旅游产品和服务。如果因此在线下减弱投入，弊大于利，因为旅行社的商业模式决定了一点：线上业务必须要进入线下，才能获得服务利润。

也就是说，线上只能承担辅助销售功能，其可作为线下的辅助手段。

因此，旅行社的转型是个伪命题。

我很同意这少部分人的观点，因为，旅行社的线下优势始终存在，并长久存在，特别是信息不对称优势，并不会被互联网完全消灭。毕竟，没有人可以把世界上关于旅游目的地的信息一网打尽，除非他的大脑可以与网络信息同步，否则，信息永远都不完全对称。

旅行社的"第一只手——信息不对称"一直在紧握市场。能被网络改变的人，早就已经不属于我们了，而不能被网络改变的人，会一直陪伴我们。

还有一种说法，随着AR（增强现实技术）、VR（虚拟现实技术）等技术的突飞猛进，新型的沉浸式旅游体验应运而生，游客足不出户就可以感受大好河山。

要说这种技术能替代旅行社，那也是天方夜谭。

AR、VR等技术发展至今，还无法超越人能达到的服务程度，包括细致周到、舒适体贴、深度个性等等。

最核心的是，游客无法通过AR、VR等技术领略文化风物和人文风情，而这，正是旅行社深度游产品的优势。

大家都知道，浅层次地走马观花式旅游，和上网下载几张名胜图片没什么差别，只有通过深度游，才能让自己的身心与目的地完美碰撞，酿成最美的邂逅。

比如说，爱好美食的人，总希望在旅途中品尝小街巷中的当地美食。虽然在网络上有各种攻略可查，但真正走到其中，好坏只有当地人最清楚。深度游产品，就是让游客真实体验一切，好坏自知。

再比如说，当今亲子形式的出游十分火爆，而针对亲子旅游的服务却明显匮乏，即便有，服务水平也不高，像专门针对儿童的服务项目和套餐设置，都有很大的利润空间。

这也印证了"信息不对称"将会一直存在，旅行社服务的意义将愈加明显。

扎根区域市场，做深现有产品，这才是旅行社的当务之急。

未来是小而精的服务时代。之于旅行社而言，线下门店仍是很好的市场抓手。

线下门店就是小而精的代表，意味着他们可以用较低的人力成本获客，既能抵抗淡季冲击，又能穿越经济的牛熊期，也能够探索自身的服务特色。

当然，现如今已经是新零售时代了，旅行社门店也要与时俱进。

曾有商业前辈总结过零售发展的演进阶段，大致如下：

第一阶段，提供一个固定场所，只解决售卖问题；

第二阶段，引进大品牌产品，开发自有品牌，通过差异化产品提升利润；

第三阶段，打造场景化服务体验，增强对消费者的吸引力；

第四阶段，针对特有资源，结合自身产品，打造精准服务。

据我分析，大部分旅行社门店还停留于第二阶段，少部分门店进入第三阶段，并探索第四阶段。有识之士已经明白，要让进店者获得宾至如归和轻松舒适的感受，不能吝啬自己的五星级服务输出。

我也看到过优秀的旅行社门店：店内设计得如高端公寓客厅一般，特殊定制的沙发及靠枕可以让客人充分放松，工作人员采用先进的电子设备进行展示，让客人在享受的过程中充分了解产品。当然，银行贵宾服务厅里的高级元素，优秀的旅行社门店也会配备，如店内会摆放鲜花，提供免费饮品，环绕着轻松悠扬的音乐，给宾客全方位的感官体验。

有了这些硬件指标，当我们实施科学管理后，门店的价值就能体现。

说到管理，我们有必要重点阐述。尽管我们来到了在21世纪第二个十年，但不得不承认，很多行业都特别缺乏管理，旅行社尤其如此。

3.3 强行体检：旅行社如何做管理？

随着我国企业制度不断推进改革，企业注册流程日趋简化，各行业竞争力不断激发，我国企业数量在近五年得到明显增长。根据我国统计局的公开信息，2020年我国企业数量已超过4000万家。

虽然数量庞大，但这些企业的生命力却让人堪忧。都说"创业公司大多活不过三年"，这话其实是有道理的。实际上，大多数创业公司的生意逻辑行得通，如果创始人有魅力的话，还能获得投资。至于活不过三年的公司，有一定程度上是因管理缺失导致的组织内讧及效率低下，最终拖垮了企业。

之于旅行社而言，管理问题更是一大顽疾。毫不夸张地说，旅行社根本无管理可言，长期以来仅靠小作坊模式维持生命。

具体来看，管理问题主要集中在战略方向、产品服务和内部沟通层面。

从战略层面看，很多旅行社，尤其是中小旅行社空有一番雄心壮志，没有通过管理手段实现业务扩张的欲望，而且，老板往往身兼业务，终日忙碌于琐事之中。于是，管理者对员工的工作情况难以掌握，无法跟进整体业务。当大家不知道方向在哪时，业绩就会参差不齐，严重影响整体效益。

这时，一旦薪水不合适，员工就会离开，导致客源极不稳定。

从产品服务层面，旅行社首先表现出对供应商的管理缺失。由于整体制度和审查不严格，大量无资质、不合规、不合法的供应商进入产品服务体系，容易构成风险。对于产品，尤其是复杂产品，销售人员往往很难吃透，在销售中的表述偏差容易在实际服务中产生纠纷。

同时，销售人员难以把握住产品热度，不能在最恰当的时间销售最适宜的产品。当好的产品因销售问题没有获得足够客源时，就等于把好的供应商排除在外了。

从内部沟通层面，业务流程混乱是最严重的问题。第一，计调人员与供应商确认容易出错，集中在人数、金额、行程方面，容易引发损失；第二，计调人员与供应商确认细节往往耗时长、精度差，导致销售人员向游客传达不及时，一旦游客因此不买单，在产生损失的同时，还容易引起内部互相指责；第三，计调及销售人员，容易在合同中出现瑕疵，引起法律纠纷；第四，业务管理、财务管理混乱，往往会导致资金流失。

此外，业务流程混乱极易诱发财务问题，触及财务危机。

那么，旅行社是不是应该停下脚步学管理呢？倒也没这个必要！我们曾说，旅行社的"第二只手"和"第三只手"分别是"资源不对称"和"服务效率高"，二者对管理水平的要求不高，只要在快速行事的同时，保证安全无风险即可，毕竟，旅行社终究是中介属性的行业，赚的是效率的钱。

换言之，**旅行社一边是资源，一边是产品服务，将其打通，就会变现**。因此，旅行社要随机应变，简化各种管理。一旦管理变简单，我们就容易做了。正如管理学大师德鲁克所言：一个管理优秀的公司并没有太多激动人心的事情发生。

在此方面，互联网行业的经验，倒是值得我们参考。

实际上，互联网也曾遇到过危机，就在他们兴盛的2000年以前。自1995年至2001年间，全球互联网飞速发展，引来海量的投机资本，在欧美及亚洲多个国家的资本市场中，与科技及新兴的互联网相关企业股价高速上涨，迅速形成泡沫。

当时，我国的三大门户网站"网易""搜狐""新浪"刚刚赴美国上市，便经历了市值陨落，给企业发展构成了威胁。

不过，互联网行业很快就走出了泡沫低谷。我认为，除了其自身固有的技术驱动因素之外，互联网企业特有的管理风格也是重要原因。

细看互联网企业的管理，你会发现，他们钟爱"短、平、快"的思路。首先，创始人会对企业的使命、目标、资源、创新价值有着清晰简洁的概括，并日复一日地灌输给团队，并在绩效考核、薪酬职级和架构流程方面去体现。无论如何，高效协同都是他们组织规范的重要准则。如果发展不理想，那就是个人能量没有被激活。

可以说，不论什么行业，都要求组织成员和创始人心朝一个方向走，力往一个方向使。

当组织管理有了定力，整个团队就不会随波逐流。基于此，在业务精英的带领下，团队有望向制高点迈进，而不是刻板地掉进浑水里。

在此方面，有一个大家耳熟能详的例子，很能反映业务精英的能力和组织的定力。

长期以来，"微信"业务的掌门人张小龙，在行业内就颇为有名。在设计"微信"业务策略时，没有简单迎合用户对于"微信"迅速滋生的自我营销诉求，而是专注于"微信"的社交功能，通过对海量细节的推敲，让其通讯功能越来越强大，最终得以在全世界范围内稳健扩张。

渐渐地，用户们发现，各种游戏、电商和设备功能，都很自然地融入了"微信"的通讯生态格局，这说明，整个"微信"业务团队都在稳稳地推动一条大船，不慌不忙，不急不躁。

综上，我们的目的就是反映出一个道理：旅行社做管理，无需引用什么大理论和大制度，更不用招揽什么职业管理人，我们只须要坚定好方向，把握好节奏，别让团队乱了阵脚。

2020年"新冠疫情"期间，和许多人一样，我因祸得福，有了一个超长假期，思考了一些事情。在整理书架的时候，我偶然发现了十年前购买的《乔布斯传》，不禁又读了一遍，又感叹了一遍。

乔布斯的很多理念值得各行各业人士借鉴，特别是科技和人文的简洁理念。

"一旦做到了简洁，你将无所不能。"乔布斯曾这样说。

用东方思想来解读，乔布斯实际上是在践行这样一个理论——大道至简。

很多人想当然地认为"大道至简"就是把凡事简化，甚至是偷懒捷径，其实，任何人都不应该以"大道至简"为由来降低标准。"大道至简"是个人在漫长积累后的结果，对于没经历过积累过程的人而言，则无从谈起。

一个人从咿呀懵懂，到了解宇宙，再到规划人生，经历了从幼稚园、小学、中学等各阶段的累积，还要在社会上摸爬滚打，甚至毕其半生之力。这是一个由浅入深，渐行渐入的漫长过程。

这才是实现"大道至简"的先决条件，也是一个人的积累历程，其中的艰难曲折，是他人所无法想象的。只有经历过这一切，人才能打破局限性，解除很多困扰。

言归正传，乔布斯的简洁理念，与"大道至简"有共通之处，二者并非简单的做减法，而是将科技和人文艺术地完美结合，摒弃冗杂多余的部分。

结合此前所说的旅行社管理问题（战略方向、产品服务和内部沟通层面）来看，乔布斯的理念可以给我们重要启示，主要体现在以下三个方面：

第一，"简洁"的战略方向。这一理念可以用"专注"来形容。曾经，乔布斯离开苹果公司一段时间，回归之后，他感觉苹果公司的产品数量太多，体系太复杂，而且大多数产品是为了应付内部研发指标而做。于是，乔布斯果断地砍掉了90%的业务线，只专注做几款产品，结果这几款产品非常成功，苹果的股价也翻了八倍多。

第二，"简洁"的产品服务。这一理念旨在永远为用户提供优质且人性化的产品服务。很多人发现，苹果的产品没有详细的说明书，因为整个操作太简单了，就算是幼儿园的孩子也能轻松上手。其实，苹果产品的内部设计逻辑极其复杂，只是被开发者们隐藏了，也就是说，他们把"简单"给了用户，把"困难"留给了自己。

第三，"简洁"的内部沟通。这一理念要求企业的决策者，应该是坚持原则并敢于说真话的人。在很多传统企业，面对很多严重的问题，人们往往不直接指出错误，反而违心称赞。这种情况在乔布斯时代的苹果公司，是绝对不允许的。乔布斯要求大家和他一样敢说真话，这种直来直去的沟通方式，让团队之间没有怀疑和猜忌，无须在此浪费时间和精力。

往深了看，这是一种企业文化的影响作用。很多人认为，企业文化很虚，只是几句口号。其实不然，企业文化的意义是为企业塑造良性氛围。但凡拥有强大的企业文化，成员们会产生一起做事业的底气和兴趣。或许有时大家深感疲惫，却能充满快乐。

最早把"企业文化"当成学问来研究的人，应该是美国管理顾问迪尔和肯尼迪。他们合著了一本名为《公司文化》的书。在书中，他们将企业文化元素列式为：价值观、英雄人物、习俗仪式、文化网络和企业环境五要素。

我们常说："三流企业做事，二流企业做人，一流企业做文化。"虽然企业文化并不会解决什么实际业务问题，却能减少企业在不确定形势中的风险，尤其是在危急时刻。

毫无疑问，旅行社长期被困于危机中，更需要打造一支快乐、积极、充满创造力的团队，或许这支团队不过十人。在此之前，我们应该为自己树立坚持下去的信念。

3.4　信念之忧：坚持下去有何秘诀？

"你热爱旅行社行业吗？"

如果别人问你这个问题，你会怎么回答？你是真的热爱？还是只为了营生？

对我来说，旅行社行业值得我去热爱，因为在这条路上，我和很多同事一道披荆斩棘，那真是逢山开路、遇水搭桥，经历过大喜，也经历过大悲，有时甚至也对自己产生怀疑。

自2015年以后，影视行业流行起了明星旅游真人秀节目。通过在风景秀丽的旅游地中展现生活、做任务，他们重新定义了自己的人生，也为观众展示了不一样的自己。

对于广大旅行社人士，同样如此。旅行社让我们重新定义了自己的能力和价值，给予我们与众不同的情感情绪。随着跌宕起伏的行程开展，使我们变得丰富而有内涵。

原本，我只是来自河北一个小城市的人，还不懂得什么叫"胸怀大志"，但通过在旅行社行业的历练，我看到了这个多元而精彩的世界，由此扩宽了自己的认知边界，让自己的思想融会贯通，以至于后来我也能提笔写文章了，这都归结于旅游这个行业。

诚然，从事旅行社业务很辛苦、很劳累、很操心。在常态工作中，旅行社不论职位大小，都要一年365天、一天24小时开机待命，毕竟游客都在行程中，难免遇到突发状况需要处理。对于有责任心的人而言，即便无事，也会担心交通有没有延误、餐厅有没有问题、酒店有没有意外、景区有没有恶劣天气等等。

想必，每个长假，旅行社从业者都难以全心全意地陪伴家人，只能在琐碎的事务处理中，时不时与家人沟通两句话，根本无法促膝长谈。

那时，很多人就萌生了离开旅行社的想法，因为太累了。

看来，无论危机与否，无论业务好坏，我们都有离开旅行社的理由，除非你是真的有信念。

在此，我想讲一个人的故事，故事的主人公是Amazon（亚马逊）创始人杰夫·贝佐斯。

我很佩服那些真正实现"太空梦"的人，尤其是那些依靠个人和组织能力，用商业手段实现"太空梦"的人，因为我们每一个人在儿时都有"太空梦"，只有他们坚持了下来。

2021年6月，年近六旬的杰夫·贝佐斯宣布，他在卸任Amazon首席执行官后，计划参加一次太空之旅。

执行这次太空飞行的Blue Origin（蓝色起源），是杰夫·贝佐斯在2000年创办的商业太空公司。

"我在5岁的时候，就梦想着去太空旅行了。"杰夫·贝佐斯曾公开这样表示。这次太空旅行，被他视为最伟大的冒险。

从2000年到2021年，杰夫·贝佐斯为自己的梦想，潜心准备了21年。

当然，杰夫·贝佐斯并没有钻进梦想的牛角尖里，顺便，他还当了次首富。

在1994年，杰夫·贝佐斯迷上了上网冲浪。有一次，他偶然登录一个网站，在一则新闻中，被一个数字惊呆了——2300%，这是当时互联网用户的年增长率，随之而来的是相关产业的崛起，包括位于西雅图的微软。

这个数字给杰夫·贝佐斯极大的触动，他希望自己也能像"微软"一样，在这股潮流中获得能量。

于是，他决定创办Amazon。

至于这个平台应该销售什么商品？杰夫·贝佐斯罗列出了20多种商品，然后逐项淘汰，最后精简为书籍和音乐制品，最后，他选定了先销售书籍。首先，书籍特别适合于通过网络进行展示，而且，美国是出版大国，仅书籍种类就超过百万种，相比之下，音乐商品种类则不超过40万种，最后，书籍发行业有较大的市场空间，当时，该行业年销售额达到了2600亿美元。

相比之下，美国乃至全球当时最大的连锁书店（拥有1000余家分店），其销售额在整个市场中的占比却不超过15%。这说明书籍市场很分散，没有绝对的强者，每个人都有机会。

回想当时的创业路，也是匆匆忙忙。杰夫·贝佐斯给搬家公司提出这样着急的要求：一旦他们在科罗拉多州、俄勒冈州或华盛顿州选好地方后，会立刻通知他们搬家，片刻不耽误。

最终，杰夫·贝佐斯决定在西雅图选址，因为那里的技术人才扎堆，而且距离大型图书渠道分销商的俄勒冈仓库很近，方便开展业务。

搬家时，他请妻子开车，自己则急不可耐地在车内用一台笔记本电脑，匆匆起草了一份商业计划，又急不可耐地四处筹集资金，启动项目。

然后，杰夫·贝佐斯用30万美元的启动资金，在西雅图郊区租了一个车库，并在此宣布Amazon的成立。这是美国第一家网络零售公司，以全世界最长的河流亚马逊河来命名，旨在将它发展成为行业中的第一名。

借势于强劲的互联网东风，Amazon发展很快，迅速走红全美，杰夫·贝佐斯在1999年当选《时代》周刊年度人物。到了2013年，杰夫·贝佐斯以个人名义花费2.5亿美元收购了《华盛顿邮报》。

可见，杰夫·贝佐斯是在利用一种未来的变化趋势而赚钱，这要求他在很多事情的决策上必须正确。也就是说，他不仅要搞清楚每件事将朝什么方向发展，还要推测出这些发展趋势之间所产生的融合效果。

虽然预测未来很重要，但未来是不可知的。更何况，并不是每个人都能完美预测所有事，毕竟我们都不是预言家。最重要的是，我们关于未来的判断，总在指引我们朝着自己的目标坚持，尤其是在判断结果得到巩固和加强之后，我们的大脑就能对其根深蒂固。于是，我们会说服自己在未知甚至恐惧的环境中坚持下去。

这，就是最原始的信念！

不可否认，当今世界变化万千，未来的范围总在持续扩大，就像电子学一样。电子学常令传统物理学家深感迷惑，因为他们总是试图定位电子。然而，由于电子实在太轻了，定位电子必将涉及能量使用，这就会改变其原有的位置，导致无法定位。

搞商业的人格外在意信念，因为它是战略实施的先决条件，也是业务壮大的关键因素，尽管可能要花费很多时间。

让我们简单回顾一下科技品牌IBM的历程，从中可见一斑。

1911年创立时，它只不过是相当平凡的一家小型企业，名叫CTR（计算制表记录公司，Computing Tabulating Recording），不仅规模不大，业务也没有实现国际化。

虽然一直平平淡淡，可创始人沃森还是为CTR制定了一个超级战略：未来发展成为一家全球化的公司。

如此宏大的战略，在当时极为少见，因为大家根本不懂什么是全球化。

此后，沃森开始践行战略，派遣得力员工，去海外建立分公司，并在当地寻找职业经理人进行经营管理。

再后来，受到通用电气及通用汽车等大企业的经营思路启发，沃森于1924年将CTR更名为IBM（国际商业机器公司，International Business Machines），以显示其全球化的野心。

不只是IBM，不只是Amazon，你会发现纵横百年来享誉全球的超级企业，无一例外都有十分远大的战略，而且，这种战略与其初创时的资源能力极不匹配。

在这种超级、宏大、远大的战略背后，是创始人的信念。通过自己年轻时（甚至幼年时）雄心勃勃的宏伟梦想，逐步感染所有员工，进而成为企业的动力之源。它能够为企业带来文化和技术上的双重驱动，即便不能推动企业夺取全球第一，也能在行业中获得良好发展。

德国社会学家马克斯·韦伯曾说："任何一项伟大事业背后，必须存在着一种无形的精神力量。"我们可以认为，这种无形的精神力量就是信念。

对于创始人而言，在激烈的竞争中，强大的信念不允许平庸者的存在。因此，创始人需要时刻反复地向员工传达信念，和每个人都与团队形成关联，让大家有同心协力的初衷。

之于旅行社而言，这一重任就落在了各位老总身上。由于旅行社的各业务线很清晰透明，大家似乎很难再相信什么故事，而这就是信念与现实状况之间的差距。对于各位老总而言，该用什么方式传达信念呢？

想必，盘点出旅行社的资源和能力空白，让大家看到自己与目标实实在在的差距，也算是一种推动力量，就有可能形成组织张力。

在这其中，旅行社老总们有很多工作要做……

第四章

旅行社老总秘籍

当老总不易，当旅行社老总更不易。

2021年"五一"，本应是个忙碌的小长假，可团队旅游的行情仍未恢复，我又没有了忙碌的机会，便约了老K小聚，听他讲了讲自己的故事。

刚建立旅行社之初，他的财务压力很大，为了开源节流，老K不只是老总，还身兼销售、运营、计调等多职。通常，他在处理客户咨询的同时，还要忙着处理出团游客的琐碎事情，有时还要给其他意向客户整理一些目的地资料。

甚至，他要通过各种渠道"拉客"。

一不小心，自己的脑袋上就秃了一片。

看着老K的无奈表情，我仍觉得惋惜，放弃自己热爱的行业，的确不容易。

对于旅行社老总而言，除了一颗勇敢的心，我们还有什么呢？

都说"成功=99%的努力+1%的运气"，这话有时对，有时又不对，因为99%的努力，很多人都能做到，而1%的运气，又是可遇不可求。那么，我们还能怎么办呢？我认为，作为旅行社老总，必要的学习不能少，尤其是那些关于市场营销的学习。毕竟，老总是营销战线上的第一人。

4.1 再见，低质社交

"我不在乎你是谁，我更在乎的是你和谁在一起。"

这是宁波商人的一句谚语。在他们看来，一个人的社交圈极为重要，它不仅能提升个人格局，还是一块天然的市场资源。前提是，这个人拥有优质的社交圈。

这一谚语虽然颇为极端，却也有一定道理。

对于社交，我们并不陌生，它是我们在社会上赖以生存的基础。通常，社交被理解为我们运用语言、肢体语言或文字来传递信息、交流思想，最终要达到心灵或商业上的目的。由于社交本身容易产生人际关系黏性，更容易实现商业诉求。

于是，基于社交关系的营销模式十分流行。相比常规营销，社交营销更容易获得高参与度，可以实现互动，更容易让对方产生归属感，于是，它更容易达成交易，并达成用户间的口碑传播。

提到营销，无须多言，它是所有企业的生存法则。

我曾看到过这样一组数据：在世界500强的企业中，有超过95%的创始人或总经理，都直接或间接从事过销售，并在相关岗位上做出过突出贡献。

不难理解，销售是企业走向市场的双脚，是整个企业开源回血的重要渠道，甚至是唯一渠道，全天下的创始人和总经理都心知肚明。在精力有限的情况下，他们必须要盯住整个销售部门。

即便非销售出身，很多人在创业或成为职业经理人后，也要花大量时间去补足营销这一课。

让我们再回到社交营销上来。出乎意料的是，很多人会抱怨社交营销效果不佳，白白投入了大把的时间和精力，这还不算各种宴请的费用。

难道，社交营销是个悖论么？

未必！我们且看社交营销的本质。它是基于社交关系开展的营销。如果没做好社交营销，实际上是没做好社交。

这个问题并非个案，而是一种普遍现象，在旅行社行业也是比比皆是，很多老总也经常误入迷途，就是因为社交工作没有做好。作为旅行社老总而言，自身的社交工作更是至关重要，毕竟旅行社属于服务领域范畴，面对的客户数量更多，情况更复杂。

很多人有勇气创办旅行社，是因为他拥有一个能依靠的资源，要么是交通，要么是景区，要么是人脉。其中，最重要的就是人脉，最容易获得的也是人脉，因为我们每个人都有基础人脉，如发小、同学、亲戚、朋友等等，这也是我们旅行社的基础客源。

作为旅行社老总，我们不仅需要开展社交，更需要开展高质量的社交。

要开展高质量社交，需要拥有以下几点：

第一，有迅速切换角色的能力；

第二，有"广结善缘""和赢天下"的思想；

第三，有建立优质社群的方法。

先看第一点，迅速切换角色的能力。往高了讲，旅行社老总也是企业家，需要终日处理各种纷繁复杂的事务。也就是说，他们既要在处理工作中保持高度理性，又要在团队管理中保持合理弹性，更要在文化建设中保持艺术魅力。

面对大小客户时，他们是销售人员，要精心打理客户的方方面面需求；面对员工时，他们是上司，要时刻保持冷静、镇定，在遇到任何事的时候都心怀大格局来处理；面对家人时，他们是长辈或晚辈，要无条件承担一定责任和压力，又要保持微笑，甚至"报喜不报忧"。

这就是各种角色的转换，对每一层人格的要求截然不同。这需要我们忘掉自己曾经的辉煌和成绩，不要把傲气带给客户，不要把傲慢带给员工，不要把怨气带给家人。

若能做到这些，你的社交关系几乎不用维护，因为你已经产生了人格魅力，大家愿意接近你。

再看第二点，有"广结善缘""和赢天下"的思想。记得当年管理门店时，我们为了集众家之长，就成立了一个综合营销中心，因为每家门店的市场资源有限，不如把大家的客源都召集起来，统一定期做线下营销活动。当时，我们给每家门店下指标，至少邀请4位参与者，这样，70个门店就召集了近280人前来参会。

听说，有偏远县区的门店经理，会自己开私家车去接4位参与者到达活动现场。这是一种很有诚意的行为，容易让对方感到被重视。往深了说，这就是"广结善缘""和赢天下"的思想体现。

最后是第三点，有建立优质社群的方法。"社群"也是一股被互联网刮起的风。一般而言，社群是基于共同的目的、兴趣而组合成的一个松散的组织。群体活动的组织者背后，基本都有商业驱动。

在原来管理旅行社的时候，我也尝试过用最朴素的方式建立社群。

最朴素的建群方式

我们总部一共有20名员工，我要求每一个人都要找出关系最近的20位亲人和好朋友，并建立"微信群"。这能不能做到呢？其实不难，人从出生、上学再到工作，身边积累20位亲朋好友，很是正常。

然后，我们要求已进群的亲人朋友们，每人再邀请20位他们身边最近的人进群，并以红包作为奖励，于是，我们每一个员工就有了一个400人的群，这一规模，也算是大群了。

这样，我们20名员工就拥有了8000人的群！

8000人的群！这要是交给营销公司来建群，估计收费不低！

在我看来，这8000人是我们建立社交圈的"禁卫军"。

当然，这只是一个简单粗暴的建群策略。要想建立优质社交圈，还需要深层运作。

作为旅行社从业者来说，我们一定要认清自己的一个劣势：不同于广场舞、摄影采风、合唱、美食、阅读、琴棋书画等活动，旅游是一种低频活动，若仅以此为主题，很难形成活跃度高的社群，很难形成足够的黏度。

要维护社群，不能仅停留于线上，更要在线下做活动支持，特别是组织与旅游主旨相关的活动，并衍生出相关话题。越来越多的人意识到，社群的根基是内容，要创造与社群主题一致的好内容，社群才有活跃度，才可能形成优质社交圈！

都说创始人是品牌的第一代言人，创始人的行为对业务影响最大。身为旅行社老总，我们自身的社交行为至关重要。

对于旅行社老总需要重点维护的商业伙伴，一定是那些时间和资金均富有的企业老板，或老板亲属，尤以传统企业最佳，他们基本具备经济上的出游实力，而且去欧洲、澳洲、美洲的机会不多。因此，我们要积极参加各类协会活动，结交这样的伙伴。

相比之下，那些纯粹的吃喝、吹牛、八卦活动，还是少参加为好。即便身处逆境，烦心事很多，需要用片刻的欢乐暂时满足身心，但在欢愉过后，你很可能会更加空虚无聊，觉得浪费时间，因为这毫无意义。

毕竟一个人的精力有限，别再低质社交上耗费时间了，否则你就没有足够的时间做最优质的积累，最后徒增油腻腻的体重。

4.2 盘活大数据，没那么难

很多人在移动互联网布局的时候，大数据时代突然就来临了。

以至于，很少有人说得清是谁最早提出的"大数据"概念。总之，在2012年以后，"大数据"登上了《纽约时报》和《华尔街日报》的显著位置，进而快速影响着国内互联网和金融行业。

美国咨询公司麦肯锡曾表示，数据已经渗透到诸多行业和业务职能领域，成为重要的生产因素。随着人们对于海量数据的挖掘和运用，大家即将迎来新一波的生产率增长和消费者盈余。

于是，大数据仿佛具有了某种魔力，让各行各业趋之若鹜。一时间，很多企业设立了大数据部门，旨在用数据分析来助力市场开拓和企业管理。大数据也渗透至了整个旅游行业。在纯粹的互联网时期，游客对网络的依赖在于出游前查询一下目的地信息，了解一下景区特色和风土人情，重要的是，游客会查询目的地的各种物价，这就打破了最初的信息不对称局面。

随着大数据的渗透，旅游信息被进一步丰富，而且实现了有针对性地推送。各种文字、图片、视频形式的内容，进一步刺激了人们的旅游欲望。从理论上说，原本没计划出游的人，也有可能加入旅游大军。

基于此，"大数据营销"的呼声在整个旅游行业日渐高涨。在这些呼声中，一个以大数据为核心的旅行社营销路径，慢慢浮现在眼前。

借由大数据，当游客查询旅游目的地等关键词时，互联网数据分析就会准确地反映出来。借助这种手段，就会判断相关产品的客源主要集中于什么年龄段？什么地区？有利于开展精准营销。

于是，旅行社可以降低运营成本。一旦掌握各种需要的营销资料，营销人员则不必按传统方式进行面对面销售，只需在线上精准地一对一推送信息，就可以达到营销效果，如此提升运营效率。

按照上述营销路径，旅行社需要引进懂数据的综合型人才。他们可以从不相关的数据中找到相关性，进行专业化分析，整合市场资源和营销资源，必要时，还可以建立自己的大数据分析系统。

这一营销路径看似充满道理，但真的适用于旅行社么？特别是那些身处困境的中小旅行社，哪有资金和精力来建立大数据系统。

其实，旅行社本身就自带数据资源，各位旅行社老总只要懂得盘活这个资源，就能收获价值，没必要跟随一些所谓的"大数据潮流"。

你会发现，**大数据营销的本质是精准营销，而精准营销的一个重要前提就是建立客户数据库。实际上，我们的传统营销思路中就包含着数据元素。**

在管理旅行社门店这么多年以来，我一直要求前台员工，除了对前来咨询的游客做好接待工作，还要做好登记工作，而且要长期坚持下去。我经常和他们讲："那些经营得很棒的旅行社，就是长期坚持了别人坚持不了的工作，他们的成功就在于客户数据的积累，由此产生的从量变到质变。"

以我们曾开展过的欧洲线路产品营销活动为例，凡是咨询过欧洲线路的游客，都是我们重点邀约的精准客户；凡是咨询过美国、澳洲和非洲等长线产品的游客，都是我们次重点邀约的客户。在我们看来，不论美国、澳洲、非洲还是欧洲，这种长线客户的消费水平和眼界有相似之处，需求也有共通之处，都是重点目标。

所以，我们在常规的营销工作中就可以有意识地进行引流。

尽管我们没有建立"大数据"相关职责部门的必要，但身为旅行社老总，仍需要练就"大数据思维方式"。

"大数据思维方式"主要针对管理和决策而言，旨在让各位老总习惯用数据分析问题。倒不是说一定要自己获取数据，而是要利用现成数据（网络上的信息数据资源）进行分析研究，这种思维方式不仅涉及旅游营销，还有整体的策略规划和运营布局。

比如，2014年开始，多家航空公司开通了国内往返日本的航线，不乏很多价格低廉的包机产品，于是，大批旅行社开始包机，集中开发日本产品，迅速造成了供大于求的局面，日本线路产品也由此迅速进入红海市场。实际上，当时从游客数量、接待数量、单线产品利润等数据方面已经传递出种种信号，但很多旅行社仍持续不断地投入，直至亏损。

在运营层面，"大数据思维方式"为旅行社提供了一个线上渠道推广思路。

此前我们曾说，旅行社的单团产品市场渠道仍以线下为主，但这不代表我们可以完全忽视线上。其实，线上渠道是线下渠道的有效辅助手段，我们应该在主攻线下的同时，有效利用好线上渠道。

线上渠道中包含着众多针对行业和游客的分析成果和分析工具，这是老总们获取增值信息的好手段。同时，借助多维观察结果和丰富的跨行业分析，老总们还能获得多角度的信息判断。

用好线上渠道，核心是内容能力，因为线上渠道推广并不只是随意发送产品介绍或产品价格，而应该用有意思的内容吸引游客关注，而且原创内容最佳。

你会发现，内容能力已经成了很多行业的线上推广瓶颈，包括在线旅游。他们普遍出现了引流焦虑，导致获客成本持续增长，收益不断下降。至于那些少部分获得理想引流效果的品牌，他们的内容能力都很出色。

要说什么样的内容绝对优质，并无定论，因为这是一个与时俱进的板块。从过往经验来看，两类内容比较容易引起反响：

第一类是"令人惊讶的价格"。此类内容用不符合产品定价逻辑的价格吸引人眼球，比如说，在线上销售奔驰汽车，价格只有1元钱。这的确很牛！只要他敢真的这样卖，就能吸引大量关注。

第二类是"令人疑惑的内容"。此类内容多来自一种内容创造力量，包括网红事件和热点事件等等。这类内容在旅游目的地的推广中应用很多，近几年颇为流行的"网红打卡地"就是典型，它们并不局限于景区，还囊括了博物馆、图书馆、一块路牌、一家咖啡店等等，随着人们来拍照打卡，就可以带动相关消费。不过，此类内容在旅行社中应用还不多，我认为，好的单团产品也蕴含着吸引流量的核心内容。如果能通过这些核心内容不断创造出超出公众预期的惊喜内容，就会得到理想的传播效果，从而产生进一步裂变，向线下渠道引流。

说完运营层面，再看管理层面。

在管理层面，"大数据思维方式"为旅行社提供了一个有序管理的思路。

不得不说，传统旅行社，尤其是中小旅行社在数据管理中存在混乱之处，比如说，大量的经营信息数据都保存在员工的个人电脑中，始终是个孤立的数据，没有价值。这样就造成老总对某位员工或某个部门依赖过高，而且，这种数据信息闭塞容易在组织内部造成隔阂，甚至形成一个个小群体。在此方面，中小旅行社应该学习大企业的经营分析会议制度，避免关键数据资源被某些人独享，造成整体信息不畅，从而削弱了旅行社运营的整体能力。

此外，很多中小旅行社的客户信息管理很混乱，不少客户资料分散在多个人的多个电脑上，没有进行汇总，老总都不清楚这些客户价值如何，后续如何跟进，基本无从下手。因为客户信息混乱，在涉及财务部门的业务对接中又容易造成差错，无法清晰对账，形成组织内耗。

在以上混乱的数据管理中，还有一个更严重问题，那就是员工一且离职，没有妥善进行资料交接，导致重要资料丢失，这无疑将对旅行社营销工作无疑将造成巨大影响。

因此，运用"大数据思维方式"，有百利而无一害。

4.3　别轻易放弃三大传统

接下来，我们关注旅行社老总的重点营销行动。

2020年必将是旅游行业历史上的转折年。受"新冠疫情"影响，正常的旅游活动根本无法全面展开，于是，闲不住的从业者会挖空心思搞点动静出来。

直播带货，应该是他们所尝试的最新颖形式。

从2019年开始兴盛的直播带货，其实就是直播娱乐行业在直播的同时销售产品，由于形式在不断翻新变化，引来一些娱乐行业的人加入，从而成为一种公众行为。

当时，携程的直播带货，因为品牌大、形式新颖受到行业关注，一度被称为旅游直播营销的里程碑，其他人士纷纷效仿，其中不乏旅行社人士。

我认识的一位"90后"导游小郝，在2020年的大半年中，都会前往南京的一处创意文化区，开启一个小时的直播。原来，这处创意文化区和小郝所在的旅行社合作，定期直播推广并销售文创产品。在去年"618"期间，她的直播数量增加了一倍。

一时间，这种直播带货仿佛成为旅游行业的必备操作模式，很多人判断这是未来旅游行业的新趋势，很多中小旅行社也是蠢蠢欲动，幻想自己也能通过直播带货翻身。

然而，当我们揭开直播带货的神秘面纱后才意识到，旅行社从直播带货中获利，是个极小概率事件。

首先，直播带货似乎完成了疫情期间的业务转换，却不是触底反弹的支撑点。虽然直播以此获得了更多的流量积累，但涉及主营业务的操作，仍要继续。

这说明，旅行社直播带货并不一定能创造好业绩，它只是疫情严重时很多人盲目抓住的救命稻草。

总之，旅行社营销不应盲目在新事物上大笔投入，如果你是中小旅行社老总，真的对直播带货感兴趣，尝试一下无妨，万不可孤注一掷，把时间和精力都花在它上面。

作为旅行社老总，重点营销行动还是别忘了这三大传统方式（见图4-1）。

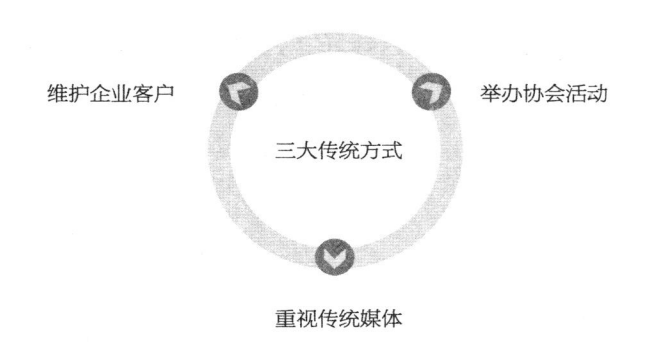

图4-1 营销的三大传统方式

第一，维护企业客户。

我们平时需要搜集自己旅行社所辐射地区的所有好企业，并建立通讯录。什么是好企业？就是能代表本地区经济实力的企业，比如银行、电力机构等等，对于这样的企业客户，老总们必须要亲自维护，给人以被重视之感。因此，当我们开展线下营销活动时，销售人员就可以发送信息进行邀请了。尽管这些企业客户的负责人公事繁忙，亲自参加活动的可能性很低，但这种邀请本身就是一种最精准的广告投放，即便这些负责人没有时间前往，但因为关系维护得不错，他们很有可能会给自己退休在家的父母报名。

所以说，很多事我们不能想当然地去判断，而应抓住一切机会。

第二，举办协会活动。

以前在主管旅行社整体运营时，我们尝试着做了针对行业协会会长的高峰论坛活动。通常，这种活动由一家媒体发起，某个行业协会主办，旅行社协办。

举个例子，我们曾经选择在一处具有爱国教育意义的景区，举办了一次《关于政策方针研读》的协会会长级高峰论坛，一共持续3天时间。由于这对景区本身也有宣传作用，所以景区并未收取费用，这就降低了活动成本。一场活动下来，我们基本就与当地所有的协会会长建立了良好的关系。

那次我们结识了婚庆协会会长并建立了良好合作关系，他们再为新人举办结婚典礼时，我们就会参与进来，赞助乳胶枕作为新人礼品，并获得了五分钟的时间发言，我们旅行社除了向新人表达祝福，还要推荐我们的蜜月产品，为在场的几百人一次性进行广告植入。

第三，重视传统媒体。

很多人认为，我们既然已经迈进大数据时代，那就是新媒体和自媒体的天下，传统媒体的影响力受到限制，我们要首选新媒体和自媒体合作。

在别的行业，这或许能说得通，但对于旅行社行业，传统媒体依然非常重要，甚至是首要选择。

因为，传统媒体基本都依托某一家行政机构建立，有着天然的公信力，被老百姓信任，很多电视台都有观众俱乐部，报社也有读者俱乐部。而且，很多传统媒体本身也拥有新媒体渠道，优质品牌还自带粉丝。这都是旅行社最需要的客源基础。

与此同时，传统的报纸、电视、广播等媒体仍然占领着老年人的市场，而老年旅游市场恰是旅行社最大的一块蛋糕。所以，传统媒体的力量不可小觑。

的确，新媒体和自媒体风头正劲，但这不是我们盲目跟随，放弃传统的理由。正如我们要弘扬传统文化一样，传统的力量，其实比你想象的更大。

4.4 异业联盟玩法多

我们所说的与行业协会合作、与媒体合作，都不局限于旅游行业。这意味着，我们旅行社老总可以尽情地"出圈"活动，毕竟我们的游客散落在各行各业。

这是一种跨界合作，也可被称为"异业联盟"。

我们的异业联盟队伍可以很庞大，包括银行、汽车4S店、房地产公司、美容院、健身俱乐部等等。这些机构有个共同特点——自带高端客源。于是，我们可以一起举办针对高端客户的旅游活动。以往，在和留学机构合办签证面试讲座时，我们会植入目的地产品的宣传说明，这就是利用异业联盟的客户群体，将其直接转化为旅行社的客源。

当然，异业联盟的主旨是互助，旅行社也可以为其他行业输送高端客户，互惠互利。

想开展异业合作，前提是双方都有意愿，大家情投意合。要让大家心甘情愿，前期公关工作必不可少，而且经常需要双方高层的磋商。对于旅行社老总而言，这需要一定的公关技巧。

其实，取得异业合作，我们旨在解决两个问题：

第一，开展线下营销时，能够得到异业联盟的赞助；

第二，开展线下营销时，邀请他们的客户一同参加我们的产品说明会。

取得异业合作其核心就是钱。只要把钱的问题解决了，关系也就建立起来了，很多问题也就迎刃而解了。这时，我们需要向对方讲述我们线下营销活动的魅力，主要可概括为三点：

1. 我们的线下营销活动，涉及的产品往往是出境长线产品，这些产品的品质和价格较高。能来参加我们活动的客户，都是经过筛选的潜在客户，他们都是高净值人群。

2. 这些高净值人群，都是我们长期花费精力积累下来的宝贵资源，属于有一定消费能力的精准客户，对于任何行业，都需要这些客户的资料。所以，我们只有和本地最有实力的机构合作，才能配得上这些优质的客户资源。

3. 我们把这些优质资源组织到一起参加活动，实属不易，我们希望得到合作方的赞助，因为我们可以给赞助方更高的价值回报，比如可以冠名，可以悬挂宣传条幅，可以摆放易拉宝，可以发放宣传资料，可以播放宣传片，还可以给予赞助方现场宣传讲的机会等等，让赞助方实现高净值客户的精准营销。

在此，我来介绍三个异业联盟建立的方案，很适合老总们传授给销售人员。

第一个方案，合作对象是一家汽车4S店。

首先，我们要筛选出最适宜搭建联盟的4S店。在此，我们首选高档车4S店，因为越是高档的汽车，越会重视客户档次。当我们进入某高档车4S店时，首先要拜访哪个部门呢？如果你没有朋友引荐，见不到店长，那就要拜访市场部经理，邀请他们店长进行交流，沟通的主要内容，就是上述对线下营销活动魅力的三点概括。

此外，我们还要说明届时会有哪些领导出席、有什么媒体参与宣传报道。一般沟通至此，市场部经理都会主动向你引荐他们的店长。

那么，我们见到店长要说什么呢？一定是赞美。我们要赞美4S店的实力和在当地的影响力，然后，我们要介绍活动的具体情况，以及能够给4S店带来哪些好处，尤其是在知名度、美誉度和精准客户资源上等等。这些好处，对一般的4S店店长都是极具诱惑力的。如果是300人的出境线下营销活动，一般4S店赞助支出大约2万元，或是相同价值的产品，他们压力不大。

一旦我们和4S店有过合作基础，后期他们举办车友会专场营销活动，或者我们再举行线下营销活动时，就可以建议4S店一同邀约客户。对于专场活动，这种利益一定要共享。当然了，要赞助是一件很困难的事，但没有办法，我们双方都需要通过一些活动来增加客户之间的粘性。

反之，我们也可以赞助别人，植入我们的旅行社服务，比如出境的签证、面试、留学、移民等等，以讲解海外历史文化为切入点进行植入，而非生硬地产品介绍。这种方式，4S店通常都可以接受，也愿意邀约客户参与。

如此，我们只要做到利益共享，和4S店进行利益分成，双方就能产生合作积极性。

第二个方案，合作对象是一家房地产公司。

首先是如何能见到关键人物。与汽车4S店不同，我们很难直接见到房地产公司的总经理，因此，我们必须要找到这个行业的关键人物作为引荐人。通常，我们建议从当地的房地产协会入手。房地产协会的会长一般都是当地有实力的房地产公司的老总，同样很难直接会面，而秘书长专为房地产公司服务。一般来说，和他能直接见面的概率更大。

秘书长最了解当地房地产公司的项目情况，比如，哪个楼盘处于开发期；哪个楼盘处于热销期；哪个楼盘处于尾盘期。他可以根据各个房地产公司的楼盘情况，向你推荐合适的合作伙伴，毕竟，谁都不好直接拒绝秘书长给提供的合作资源。

不管面对房地产协会，还是在房地产公司，我们对自己旅行社的介绍也非常重要，否则，对方根本不敢把众多高端客户汇聚在一起。因此，对方想要了解旅行社的知名度以及客源情况等。对于这些问题，我们可以明确介绍，这些高净值的客户是我们旅行社长时间积攒下来的VIP资源。然后，按照第一方案中与汽车4S店的沟通方法，一般都会获得一定的赞助，或者能获得免费的活动场地。

需要强调的是，我们与房地产公司负责人沟通的时候，需要注意以下几个细节：

1. 在房地产公司的组织架构中，营销副总经理通常分管策划部、销售部和渠道部。陌拜时，我们的顺序依次是策划部、销售部、渠道部，逐级反馈，最后的核心是营销副总经理。

2. 与房地产公司沟通时，要直接告诉他们，我们的合作模式是典型的异业合作，因为房地产公司更喜欢把活动地点安排到他们的项目所在地，便于他们开展营销。这就导致合作重心的偏移。所以我们要告诉对方，旅游类线下营销活动的客户都是精准客户，而房地产的客户更喜欢组团买房，他们不相信广告，更相信彼此的口碑推荐。通过我们的现场营销，可以在游客间形成口碑，进而影响他们周围的人。

要知道，房地产行业也经常组织营销活动，但效果却不理想，因为客户不够精准。通常，他们邀约一个客户的成本在30元左右，而我们邀约精准客户的成本是100元左右，所以，一场300人左右的旅游线下营销，房地产公司能够承担的成本在3万元至4万元间。我们在和房地产公司沟通时，要了解这些细节，正所谓"知己知彼、百战不殆"。

同样，房地产公司有很多老客户。面对房地产公司的老业主时，我们依然能够给对方足够的回馈，提供相应的服务，这一点，与汽车4S店的各项政策一致。

第三个方案，合作对象是一家银行。

在与银行的合作中，我们主要是针对银行的个人金融服务部，在银行领域简称"个金部"。我们的主要沟通目标是"个金部"的经理，或者主管"个金部"的副行长，至于沟通话术，依然和汽车4S店的内容一致。

在此，我重点讲述一下我们的合作能够为银行带来什么样的好处？主要有以下六点：

1. 我们可以提供给银行独家冠名权，并且在活动中由银行为客户进行价格立减，把美誉度全部留给银行，为银行树立正面的形象，让参加活动的银行领导感觉有面子。

2. 我们可以提供本次活动的客户资料，这些都是高净值的客户，银行特别需要。

3. 可以在我们活动现场办理银行信用卡，这一点对银行很重要，因为他们的办卡任务特别艰巨。

4. 可以在我们活动现场推荐银行的理财产品，我们的客户以老年人居多，他们的理财观念都很强。

5. 可以在我们活动现场讲解银行的吸储政策，除了活动立减之外，还有诸如"存3万奖500""存5万奖800"等活动。

6. 我们可以把本次活动的旅游产品挂到银行的网上商城，协助银行完成网上商城流量考核任务。比如，在活动中成交的所有线路产品，要由旅行社一方一次性下单购买，基本上就解决了银行的网上商城的业绩任务。

还可以与银行进行反向合作，银行对自己的优质客户都有非常多的附加服务，比如高速救援、北京医院挂专家号、签证、留学、移民服务等等，我们也会提供全力支持，所以，我们主动找银行合作时，银行的"个金部"往往不会拒绝,因为我们可以为他们的高端客户提供更多附加服务,合作就能水到渠成。

由此可见,从互联网时代到大数据时代,商业面貌在不断改变,也挑战着旅行社业的传统运营模式,但是,很多对我们有利的传统要素,也应该牢牢抓住。

接下来,旅行社老总要做的,就是顺应时代的变化,从业务的各个环节认真审视自己,尤其要重视线下营销活动,力求站在时代的前列,把握先机,让自己立于不败之地。

强调了这么多线下营销活动的重要性,很多朋友会问,这线下营销活动究竟有多大能量?我们自己该怎么组织线下营销活动呢?

第五章

一条捷径，通向何方？

法国声名显赫的小说家阿尔贝·加缪曾说过这样一句话："我们对未来最大的慷慨，就是把一切献给现在。"

发现没有？这个时代的趋势和方向转换得很快，没有什么一劳永逸的途径。我们经常在追赶，有时都分不清是追赶趋势，还是追赶自己。我们只是想做好充分的准备，千万不要在转折点迷失了自己。

2019年的时候，很多人深感全球经济危机之重，并预言危机可能快要过去了，2020年就会变好。结果，2020年直接迎来了更大的危机。于是，又有人说变好的希望在2021年，我们会扭转一切。

当2021年到来的时候，世界的确又变成一个新的样子。2022年、2023年、2024年……变化还会更多，不管之前我们过得怎样，都有重做的机会，也必须重做。

只要我们心中的目标没变，就有成就的可能。这时，如果有一条捷径放在我们面前，你要不要走？

5.1 线下旅游营销的四重定义

这条捷径，就是我们此前反复提及的"线下旅游营销"。

线下旅游营销是把线下会议形式融入旅游产品的销售当中，简单来说，就是用开会的方式销售旅游产品。

若要更为全面的解释，线下旅游营销就是旅行社事先做好各种规划，做好产品定位（包装设计好产品），并且在特定的时间和特定的地点，以专家顾问的身份，对产品进行精彩的现场演说，将产品的精华和卖点，通过一对一或一对多的方式，面对面传递给游客，形成一套课程式的销售逻辑。

现在，我们用四重定义及其底层逻辑，来清晰展示线下旅游营销的内涵。

第一重定义：旅游营销是面对面讲解旅游规划和产品定位。

在第一重定义中，线下旅游营销包含以下几个要点：

1. 做好各种规划。一个完整的线下旅游营销活动，从萌生想法到落地执行，需要一系列思考动作，包括涉及人员的具体分工和整个活动细节的安排。

2. 关于产品的定位，首先做线下旅游营销不能用太低端的产品，因为活动是对公众的承诺，太低端的产品根本建立不起我们的核心卖点与核心亮点。

要知道，参加活动的人可能是有过数次出境旅游经历的中年人，他们有着非常理性的判断和思考，也有着成熟的消费观念，并且，这些人中不乏有我们的老客户，所以绝不能去"忽悠"他，而我们选择的产品必须都能真实落地，否则我们就会有信任危机。一旦出现一次，他们以后就再也不会来参加活动了。

在产品设计的过程中，我们必须要把游客选择产品的十个理由总结出来。也就是说，我们的计调人员在设计产品时就应该站在游客的角度来思考，思考游客为什么要选择我们的产品。因此，产品卖点必须准确可靠。

3."特定的时间"和"特定的地点"。这是线下旅游营销活动的具体要求——为什么选择这一天？为什么选择这个酒店？这是一门艺术。

4. 线下旅游营销的核心环节是演说。演说的核心就是价值观的传递，是对过往认知的感受，是一种思想的影响力。

5."面对面"应该怎么理解？首先我们解决一个问题：外界事物的变化会对人造成影响，这种影响有着千差万别，因此，"面对面"沟通所带来的心理和视觉上的感受都是十分微妙，且不可由线上沟通替代的。

要知道，人的思想经过传递，能力会逐渐递减。从产品的设计者，到产品的销售者，再到产品的消费者（游客），所有关于产品的思想能量都在递减，因此，很多组团社获客困难，因为他们不能够说服客人，于是，我们需要让组团社直接把游客组织在一起，让产品的设计者直接去说服客人。

第二重定义：旅游营销就是利用视频、音频、灯光、图片、互动、演说等各种现代化手段来营造氛围，让游客提前体验旅游的过程。

在第二重定义中，旅游成了一种特殊的商品，旅游消费本身既是一个消费的过程，又是一个体验的过程。那么，什么是体验呢？就是用自己的生命去感悟。也就是说，**旅游是一个游客花钱买享受、买快乐、买幸福的过程**。这时，线下旅游营销就是利用视频、音频、灯光、图片、互动、演说等各种现代化手段来营造氛围，让游客提前体验旅游消费的过程，让游客提前感受旅游目的地的美好和壮观，并对它产生向往和憧憬，最终，他们为了把这种美好的场景变为现实而付出行动（购买产品）。于是，这种美好场景的提前展现，是线下旅游营销的根本所在。

在第二重定义中，线下旅游营销包含这样几个要点：

1. 用生命去感受。游客与我们一道出去旅游，不仅仅是去品美食，去看风景，而他们这几天的生命历程，都是与我们一起度过。再过许多天，再过许多年，他们还会渐渐回忆起这一切。生命的记忆，是留在旅游过程中的每一个日日夜夜。

2. 视频在线下旅游营销中的作用是什么？人们虽然都知道什么是大海？但只有亲眼看到它，才能有一种真实的感受。

参加一场优质的线下旅游营销，就像是观看一部电影。都说好电影有带入感，而参加优质的线下旅游营销，犹如观看一部你最爱的电影，而且容易被感动、被改变。通过观看这部电影，大家才明白：旅游是一种对美好生活的向往，谁都不能拒绝。

至于视频的作用在哪里？设想一下，当客户进入购物情境之后，面对产品做出决策时，其中有70%的因素都来自情境，而非来自产品本身。也就是说，线下旅游营销背后的所有行为都是基于人性，通过美好的目的地演说，让人产生遐想，让人提前进入旅游消费的情境，使之有了向往和憧憬。正如电影《罗马假日》中的情节一样，来此参加活动的人，在一个陌生的地方找到一种久违的感动。

3. 旅游消费有一个与众不同的场景——排队刷卡。毕竟人的从众和占便宜心理无法规避，营造出排队刷卡的效果，会对消费者（游客）产生足够的心理暗示。

4. 在产品的宣传海报设计中，一定要凸显异业联盟价值，体现出产品价格立减的魄力。以往，我们在美国线路产品海报中常采用这种方式，因为美国产品价格较高，立减行为容易受到关注。

5. 注重图片和PPT的效果。在这个产品严重过剩的时代，最好的广告其实就是产品本身，因此，我们的视频和图片一定要塑造出良好的视觉效果。通俗地讲，我们要让人看了第一眼后，就想"墙上种草"。尤其是推荐那些以风景为卖点的产品时，诸如茶卡盐湖，一定要透彻展示出"天空之镜"的绝美景色，给人以时光静好的感觉。

6. 游客并不会主动去强化自己内心的需求，他们迫切需要来自外界所施加的强化力量。因此，成功的线下旅游营销活动一定以游客为中心，以语言、图片、视频为手段，去发现和强化游客需求，让他们自行做出选择。我们需要做的，就是推动。

比如在推荐澳大利亚和新西兰的相关产品时，我们会展示一幅世界地图，讲述当年亚洲人如何通过洋流和候鸟迁徙的路线来此开启新生活，由此凸显目的地的神秘感。

7. 在讲解产品时，我们不能够单纯地依靠知识和固定话术来塑造产品的价值，必要时还需要通过大量的产品示范和体验，让游客自行建立真实的价值感。以我们曾赠送过的乳胶枕为例，我们需要打开乳胶枕，让客户感受它的舒适柔软。

第三重定义：旅游营销就是通过讲故事，把游客带入到我们设计好的故事情节中。

我们要精心设计活动的流程，以互动的方式展开，通过讲故事，讲情怀，把游客带入到我们设计好的故事情节中，对游客进行催眠，并且能够产生从众心理和带动市场效果，从而达到快速、集中成交。这是一种短、平、快的销售手法，其本质上是突破了以往旅游产品销售时的"一对一"模式，达到了"一对多"乃至"多对一"的模式，从而获得对方的认同和信任。

在第三重定义中，线下旅游营销包含这样几个要点：

1. 精心设计好流程。在实战过程中，每个人都要用真实的名字，并由专人监督各司其职，否则就会因为一个细节失误造成整个活动的损失。不知道你是否观看过得到APP创始人罗振宇的跨年演讲《时间的朋友》，要知道，就是这样一场演讲活动，前后准备时间将近半年，当然，营收也会超过千万。试问，这样的活动策划得细不细致？

2. 讲故事、讲情怀。我们在活动中要充分发挥想象力，展开一系列非常有代入感的催眠动作，比如，我们讲述这样一个故事："突然有一天，我们来到了2050年……"。

3. 在互动方式中，一定要包含抽奖、有奖问答等形式。这背后的逻辑并不复杂，大部分人都追求实际，我们的潜在游客之所以放弃休息时间来到活动现场，除了关注精彩演说之外，更关心自己能得到多少利益。

通俗来说，来活动现场的人会关心自己将获得什么赠品和礼品？会场有何种形式的抽奖活动？中奖概率是多少？奖品间的差异是多少？尤其是很多老年朋友，之所以坚持到活动最后，就是希望自己能够抽到大奖。所以，很多活动的惯例都是把大奖放到最后，来活动现场的人即便没有购买产品，但通过数个小时的讲解互动，产品思想已经深入他们的脑海。今后，只要他们计划出门旅游，一定会在第一时间想到我们，因为占据了思想，等于在市场中形成了重要的消费潜意识。

第四重定义：精准邀约特定客户，有针对性地介绍产品。

在最后一重定义中，线下旅游营销是旅行社有目的性地把大量特定（精准邀约）潜在客户组织到一起，有针对性地介绍产品（产品一定要单一植入），利用亲情服务和产品说明会的方式，来销售旅游产品，并对潜在游客进行全方位输出企业形象和产品知识，把企业和产品的信息精准地投入到对方脑海中，对意向成交的游客进行关怀和隐藏式销售，使其降低对价格的敏感度，从而获得认同和信任，继而成交的过程。

在第四重定义中，线下旅游营销包含这样几个要点：

1. 要精准邀约。我们销售什么样产品，就要邀约与之对应的游客，不能把想买廉价产品的人邀请来让他来买奢侈品，这就是不够精准。之前我们说过，美国、欧洲、澳洲线路产品游客属于同一水平，可以有效相互补充。这就是我们此前所说的利用自有数据库对游客的消费能力进行筛选，然后做到精准邀约。

2. 产品的单一植入。就是突出"特价""特卖"，减少游客的选择成本，将首选产品精准植入到游客的头脑。如果推荐产品太多，就变成了特卖会。这时，我们要把特价产品讲出品质感，把特卖产品讲出特殊性。在当下信息爆炸的时代，各种产品信息层出不穷，都想占据公众的头脑，如果想要率先进入，我们必须要精准植入。

3. 注重亲情服务。在线下旅游营销活动中，我们一定要让到来的客人感觉我们是他们的自己人，包括有人在楼下引领，有人在会议门口迎接，有人引导他们到座位处，有人为他们送上一杯热水，有人坐在他们身旁聊一会家常，如此，他们一定会感到与众不同，原来自己身边有这么多"家人"。

这种亲情服务的背后逻辑就是，没有任何产品只依靠纯粹的质量，就能轻易超越竞争对手，但消费者通过对服务的体验，可以区分不同品牌，单靠这种亲情服务的吸引力来把品牌分成三六九等。

4. 重视品牌形象。大多数消费者的思路都不会很复杂，通过一场活动或者一款产品，就能奠定对一家旅行社品牌的认知。如果你在一个地方能够成功举行一场欧洲专题活动，并精准邀约几百位参与者，你就奠定了自己在当地行业的地位，以及在当地供应商心中的地位。

5. 关注精准植入。此前我们强调过"精准植入"，它的另外一种解释就是我们与游客之间的"时间争夺战"。**我们只有在最短时间内聚焦所有人的注意力，就有可能在一天之内创造对手一年的销售业绩**。可以说，一个旅行社有多少演讲师，就有多大占领市场的能力。也可以说，一位出色的演讲师是让所有旅行社销售人员都恐惧的对手。

6. 践行关怀和隐藏式销售。对此，我举一个例子：1983年，乔布斯对时任百事可乐公司总裁的约翰·斯卡利说了一句话，这句话，对任何有志向的人来说，都是一句无法抵挡的话。这就是**"你是想卖一辈子糖水，还是想跟我一起去改变世界？"** 这句话处处透露着乔布斯对约翰·斯卡利的事业关注和关怀，让人不能抗拒。于是斯卡利毅然来到了苹果公司并担任了苹果公司的CEO。

同样，我们在线下旅游营销时经常使用关怀隐藏话术，比如**"叔叔阿姨，您是想一辈子待在家里发呆，还是想和我一起去看五彩斑斓的世界？"**

透过上述四重定义，你是不是对线下旅游营销，有了新的认识呢？

5.2 人口老龄化，我们的机遇

不知你是否发现，我们对线下旅游营销的定义解读中，很多活动方式、流程设置、话术设计，都是针对中老年人，尤其是老年人的。

没错，老年人是线下旅游营销的重点关注人群，也是传统旅行社的重要客源。

提及老年人，我们就需要谈谈现在全世界都在关注的一个话题——人口老龄化。

人口老龄化，这是二十一世纪以来很多国家都要面临的问题，从全球经济角度来看，我国的人口老龄化又具有特殊性。在面临较大挑战和压力的同时，也蕴藏着机遇。

首先，人口老龄化将转变我们的经济发展方式，会引起消费率的上升，有利于改变我国消费结构不合理等诸多问题，也会将我国经济增长方式由主要依靠投资和出口拉动，转为向内需拉动的结构方式。

从生产角度看，农村和城镇的人口老龄化直接引起农业劳动力的减少，不过，随着农业机械化的推进，这已不构成建设问题，反而有利于土地流转和适度规模运作，从而使整体生产效率得到提升。

然后，人口老龄化将推进产业结构升级。人口老龄化将带来两个显而易见的后果，分别是劳动力数量的减少和劳动力结构的老龄化，这将导致我国劳动力出现稀缺性，进而拉升劳动力成本。当然，企业也不会白白去消耗这个成本，他们会寻求资本和技术力量，对人力进行替代，这样，就让我国的产业结构由劳动密集型产业逐渐向技术、资本、信息密集型产业过渡，促使很多行业向高端智能化发展。

对于人口老龄化，我们不仅已经学会了坦然面对，还顺势发展了老龄化产业。这是促进我们产业结构调整的重要举措，因为老年人口消费需求的快速提升，为老龄相关产业的发展提供了广阔的市场空间。

这时，敏锐的资本力量会迅速聚焦老年人的娱乐文化消费领域。

从消费心理和消费习惯来看，国内老年人的日常消费主要集中于健康养生、娱乐社交、日常生活等三个方面。随着整体生活水平的提高，老年人更愿意走出家门，和志趣相投的老伙伴们一起游山玩水、陶冶心情，因此，老年旅游市场的需求可能会持续壮大。

早在2018年的时候，我国老年旅游市场就已经形成了比较稳定的规模。根据当时的统计数据，老年游客的平均出游时间超过5天，人均消费超过了3600元，已经是一个万亿级规模的市场。

对于我们旅行社来说，这是一个巨大的机会。

首先，老年人普遍不依赖网络，他们信赖更实在的线下消费咨询。不知你是否发现，随着在线旅游流量入口的成本不断加大，很多品牌纷纷布局线下，纷纷在全国跑马圈地设立门店。这是为什么呢？因为他们发现中老年用户的转化率太低，大部分中老年人依然习惯进店咨询消费，依然需要前台的热情接待和真诚服务。这就是技术无法替代的人文情怀，旅游产品的不忘初心和至上服务，在此被体现得淋漓尽致。这正是线下旅游营销的重要机遇。

其次，老年人出游更注重安全，青睐安全性更高的团队旅游产品，这是旅行社团队产品的重要机遇。

最后，老年人普遍更愿意称心如意地消费，拒绝"穷游"，这是品质团队线路产品的重要机遇。

按照国内外相关机构的预测，我国在2040年左右将进入老年旅游的稳定发展期，老年旅游将占到全国旅游市场的50%左右。预计到2050年，我国老年人口将突破4.8亿人，占总人口比重达到36.5%，假如老年人的旅游意愿与消费金额保持不变，老年人的旅游消费总额将达2.4万亿元以上。

如果这一预测准确的话，那么留给旅行社的市场窗口期至少20至30年，就看谁能抢先把握了。

纵然市场前景大，但老年旅游市场并非唾手可得，毕竟老年人对产品的选择更加慎重。他们喜欢在频繁的比价中做出选择，这就为我们的线下旅游营销提出了更高的要求，要在专业化和个性化上下足功夫。

比如说，我们曾为线下旅游营销活动设计了这样的话术：

旅游营销活动话术

叔叔阿姨，我们活着是为了什么呢？我们怎么才能让自己这辈子活得更值呢？

所谓生命的意义，一定是见过别人没有见过的美景，吃别人没有吃过的美食。生命的意义在于见过世面，一个见过世面的人才能明白如何对待身边的人和事儿……所以呢，您一定不要错过这个见世面的机会。

> 叔叔阿姨，我们这辈子还需要再买房吗？还需要再买车吗？还需要继续做生意吗？如果不需要，那么我们一定要保重身体，健康地活五百年，就当为儿女谋福利了。
>
> 我想告诉您的是，多走出去旅行，才是对自己身体最好的锻炼……

5.3 详解线下旅游营销：我们很特殊

很多旅游院校毕业的朋友，都专门研习过关于旅游的理论，其中就包括对旅游产品的解读。

实际上，旅游产品存在特殊性，它属于无形产品，旨在为游客带来精神方面的愉悦。

这种特殊性，与线下旅游营销产生了很大的关联度。

事实上，组织一场线下旅游营销活动没有技巧，也没有秘诀，就像出门旅游一样简单平凡。这个世界上哪有什么惊天地、泣鬼神的大事，唯有坚持不断地营销、再营销，才能方显英雄本色。是的，线下旅游营销并没有什么复杂高深的道理，但是正所谓"大道至简"，其蕴含的方法和诀窍不少。天下的旅行社那么多，销售人员就有成千上万，而我们只专注于线下旅游营销，就能找到自己的突破点。

接下来，我们就扒开一尺，深挖一万丈，更透彻地掌握线下旅游营销。

在线下旅游营销的策划和执行中，我们要特别重视自己的认知程度，它比我们对旅游产品和服务的了解程度更为重要。作为组织者，对线下旅游营销这一模式认识到什么程度，将直接对业绩产生实质影响，甚至能决定旅行社未来的生存与发展情况。

可以说，及早突破认识，就能早日实现面对面的成交。

纵然，在这个信息时代中，我们获取知识比起以往任何时候都要容易。抬抬手，利用搜索引擎，我们就能在最短时间，在一个陌生领域中获取原本并不了解的基础知识。不过，我们在认知上的突破却更困难了，因为这涉及个人的思维逻辑、眼界格局等一系列因素。

因此，我们必须要清楚围绕线下旅游营销的四重定义，进行相关的认知突破。若要让这个过程短一点，我们可从以下三方面入手：

第一，把握线下旅游营销的内核——回归营销。

其实，线下旅游营销是一种会议营销模式。这种模式自20世纪90年代之后逐渐出现，至今已经有二十多年的历史。从最初的与客户进行面对面简单沟通，到综合运用音频、视频、图像等现代技术手段来全方位打造会场氛围，再到专业演讲师的引导策略……这种会议营销模式的发展可谓飞速。

不过，无论形式怎么五花八门，会议营销的内核其实从未改变。正如亚马逊创始人杰夫·贝佐斯所说："到你的身边去，去寻找那些过去、现在、未来都没有改变的东西，这些东西可能比其他任何事情都重要！"作为活动组织者，我们不要因事物表象的频繁改变而陷入迷茫。相反，我们必须建立"以不变应万变"的认知原则，始终将会议营销的本质定位于营销之上，以此确保自己不会因盲目追赶潮流而失去理性认知。

第二，把握线下旅游营销的形式——因地制宜。

起初，会议营销只是定位于补充传统营销渠道的配角，却迅速成长壮大，成为主角。当时，传统营销体系强调产品品牌影响力的比拼，而会议营销的异军突起，让很多品牌开始注重面向群体客户进行个性服务方面的强化，从而让整个营销思路和格局发生改变。

会议营销适用于很多行业，当然也包括旅游行业，即线下旅游营销活动。然而，正所谓"物极必反"，当大家纷纷效仿时，会议营销未能如预料般释放巨大潜能，特别是许多企业开始盲目搞活动，认为自己"重服务""讲亲情"，就能做好营销。于是，他们用尽全力进行热情问候、端茶倒水、载歌载舞等活动，试图打动客户。

但是，一年又一年过去了，大家的认知缺失开始酿出苦果。事实证明，单纯依靠形式上的模仿，并不能让线下旅游营销产出理想收益，不少品牌虽然将活动现场布置得"高大上"，将声势营造得轰轰烈烈，但参与者就是不买账，最终折戟沉沙。

事实说明，"学人者生，似人者死"，与其被认知的障碍所限制，在盲目模仿中辗转反侧，不如果断升级自己的认知，全力把握线下旅游营销。

第三，把握线下旅游营销灵魂——重在落地。

在移动互联网催生社交的时代，即便相隔千万里，我们只需要两部智能手机，就可以实现无障碍的沟通。同时，互联网粉丝社群等运作模式，也将"一对多"等营销模式，从线下搬到了线上。

这种趋势会让很多人心生疑虑：旅游营销活动真的有必要在线下开展吗？

答案是肯定的。无论互联网技术多么发达，人与人进行面对面沟通所产生的心理上的反应都是不可替代的，这种微妙而不可言说的感触，同样是营销过程中不可被忽视的重要因素。可以说，即便线上资源再丰富，旅游营销也依然需要坚守线下市场，并在落地执行中形成充分的营销氛围，打动一直抱有疑虑的游客，并促使他们迅速转化，成为忠实客户。

毋庸置疑，旅行社常年身处困境与危机中，其实我们所说的走出危机的好办法，就是线下旅游营销。对于很多旅行社老总，我也时常建议他们多采用这种思路。若要从一个有机整体的视角看待线下旅游营销的意义，以下三点可供参考：

第一，危机下的转型机会。

2010年之后，旅行社面临着来自线上品牌与线下同行的联合夹击，从自由行，到"机+酒"预定，再到高端定制游，各种面向游客的新产品层出不穷，旅行社原本的营收空间被不断压缩，甚至变得越来越小。

如果始终不愿意改变固有的获客观念与手段，旅行社的市场就会越来越小，最终，像老K一样离开行业的人越来越多。

当年，老K就特别不相信线下旅游营销的策略，而且他认为线下活动耗时费力，得不偿失。其实，他没有看到线下旅游营销的大好机会，尤其面临困境与危机时，他没有想到，借助线下活动，可让产品形象植入到客户心智当中，从而塑造出旅行社品牌影响力并加以口碑宣传，从而更好地树立旅行社形象，实现短期收客。

第二，线下旅游营销能带来多方收益。

如果你是一家传统旅行社，主动改变营销模式，与专业的线下旅游营销团队进行业务合作之后，应该很快就会看到收益，因为，在会议营销模式下，在专业的活动现场，场面一定十分震撼，会调动起现场观众的情绪，时常出现一呼百应，集体振奋的效果。这种效果，能为旅行社带来比传统营销方式更大的成交率与利润量。

对于专业的线下旅游营销团队而言，精彩的线下活动同样打破传统的营销模式。如此以旅游产品为核心卖点，专业的团队可以主动出击，寻找合作，针对客户的需要，将其优势与旅游产品相结合，在短时间内实现高效的面对面交流，把产品核心卖点直接植入到观者头脑中，既解决了"促单"问题，也大大提升了消费黏性。

从具体的营销手段来看，线下旅游营销通过一对多的销售策略，运用讲故事、讲情怀的方式，为游客打造沉浸式的故事体验。相比传统旅游营销中单纯围绕产品特点和品质进行的讲解，这种方式能够更集中地突破障碍、放大效果，实现快速集中成交，达到营销目的。

第三，线下旅游营销将改变行业格局。

我们已经说过，旅行社行业面对困境和危机，甚至可以说，旅行社已经到了最危险的时刻。旅行社从业者以及相关产业链上的每位勇士，都有必要积极行动起来，寻找改变行业颓势的积极方案。这一点，对中小旅行社更为重要。

想必，中小旅行社的老总都深有体会，我们大都缺乏宝贵的上游资源，唯有积极利用手中的有限的目的地资源，或有限的客源，积极与专业的线上旅游营销团队进行整合运作，才能打破行业原有的束缚，让资源得到最高效的利用。

5.4 透过活动看本质：如何命中靶心？

讲了这么多，一定有人会说："看来这线下旅游营销并没有什么高深之处嘛。就这样搞一个促销活动，我们也会。"

如果你也这样认为，说明你还没有掌握线下旅游营销的本质。我们有必要从营销角度出发，深度剖析线下旅游营销的本质。

古人常说"以不变应万变"，而线下旅游营销正是一种"以不变应万变"。不变的，是关于营销的经典模式。

现代营销学有两种最为经典的商业模式：一种以消费为主；一种以体验为主。

既然旅游产品存在特殊性，那么其特殊之处就在于：它既是一个消费的过程，又是一个体验的过程。它不像一个杯子，消费者买后不满意可以退换，旅游呢？不可能到了日本、到了美国之后感觉不满意，要重新再来一次吧。正是因为这种特殊性的存在，才让游客在选择旅行社报名更加小心，更加谨慎，更加需要当面咨询确认。

正本方可清源，当许多人抱怨旅游营销难做，线下营销难做之时，我们更应该理性分析其本质。认清本质，理解关键要素，方可获取强大的执行力。

通俗来讲，线下旅游营销的本质是一场讲解，即由演讲师所主导的，针对特定产品与游客的讲解。

利用讲解，旅行社对有较高意向的游客施加影响与引导，以便发掘出"种子客户"，进行迅速购买成交，进而带动其他正在犹豫的游客签单，如图5-1所示。

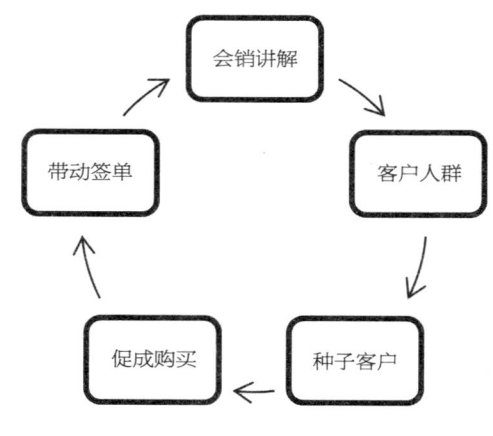

图5-1 通过讲解促成购买

对线下旅游营销的本质理解，可以从游客角度入手。

参加线下旅游营销活动的人群，由旅行社的目标消费人群标准加以锁定并开发，他们除了需要旅游产品的功能价值之外，还需要获得持续不断的关怀。针对这些明确要求，营销工作人员应该以专家顾问的角色和身份，全方位地植入企业品牌形象和产品知识，从而实现营销目的。在这一基础上，提供服务是我们必须要做的事。

如果我们利用好这一本质，即可催生一系列优势。

首先，通过讲解，我们能够针对潜在游客进行旅游产品的全方位介绍。

与传统的媒体广告、软文信息不同，讲解可以充分而高效地开发游客需求。具体来看，传统广告营销行为只能让游客被动接受、被动记忆，线下旅游营销则与之不同，可以利用独特的讲解形式与特定的针对性内容，充分吸引游客，让他们在消费过程中从被动变为主动，如图5-2所示。在旅游产品严重同质化的今天，发挥讲解与服务的本色，整支团队就会很容易梳理出品牌形象，并建立产品独特的卖点。

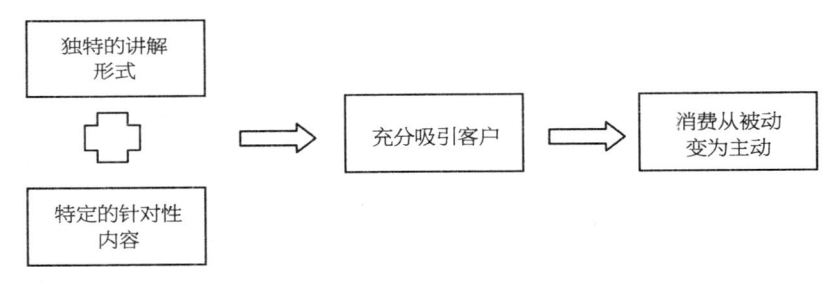

图5-2 激发潜在游客兴趣

此外，通过讲解，我们可以在一对多沟通的前提下，充分发挥自己的个性。

发挥线下旅游营销的个性化讲解，可以确保在一对多营销模式中，对游客需求加以充分挖掘和全面了解。这样，我们既能够提高效率，也可以兼顾并尊重每位游客的不同需求，使营销目的性更明确。此外，通过讲解，我们除了能够传播产品价值之外，还能够加深销售人员与游客之间的情感联系，从服务角色上升到朋友角色，更容易推动销售业绩。

话说回来，根据线下旅游营销的本质，我们通过打造旅游与线下营销结合的新型营销形式，来宣传旅行社的旅游产品。在产品内容层面上，我们的活动是为了旅游；在市场层面上，我们的活动是为了销售，通过内容与市场的结合，让游客身处具体的情境，去了解旅游产品并相互感染带动,最终形成抱团报名的集体氛围,从而增加旅游产品的销售额,提高利润。

抛开具体的旅游过程不谈,线下旅游营销其实是以旅游产品作为引导与号召,带领游客进入特定的会议场合与情境,之后再进行具体讲解和服务。由于旅游与会议都属于社会集体活动,便于我们将规划好的产品信息,植入到特定游客的脑海中,并以最快最短的时间完成签单。

选择线下旅游营销,不仅在于其能够掌握旅行社现状,达成新型合作,还在于使用这一模式带来的细节创新和积极意义。

基于此,我们可以总结出线下旅游营销的三个意义:

第一,它丰富了旅行社的营销渠道,提高了销售收益。

对于旅行社来说,通过组织线下旅游营销活动,可以不断拉升我们的成交量,并扩大我们在当地的影响力。通过活动现场所营造出的温馨、和谐、热烈的营销氛围,让游客记忆深刻,不仅能够刺激他们购买产品的冲动,还会让他们记住旅行社的品牌,并在下一次出行旅游时作为首选。

对于旅行社的合作者,我们的专业营销团队而言,强化合作可以丰富我们手中的旅游产品数量,并扩大自身拥有的资源,还能让原本封闭、静坐一样的呆板销售模式焕然一新。甚至,线下旅游营销可以渗透至旅游本身的体验中,借由专业营销人员采取的更加亲切而有针对性的手段,将特定的旅游产品深入游客内心。

由于旅游环境本身就具有新鲜感和参与感,若使用得当,可以加速成交环节的推进。同时,旅行社丰富的产品资源,也可以确保在业绩良好的前提下,提高成团的频率并扩大成团的规模,从而保证旅行社资金周转得更好,远离现金流危机。

第二,它改变了旅行社的形象。

旅游是一项全方位体验的人文项目,囊括了交通出行、餐饮、人文、民俗、地理、风光等多项体验。因此，线下旅游营销能够将旅行社的品牌文化形象，与旅游产品进行积极结合，使游客在充分享受旅游乐趣的同时，发现并了解旅行社的品牌内涵，进而形成品牌好感。

除了最直接的改变，线下旅游营销还能增强旅行社与游客之间的黏性，让旅行社通过活动前后的努力，获得更多与游客深入沟通的机会。如此，旅行社在扩大品牌影响力的同时，也能在行业获得权威形象。

第三，它能带来销售质量的飞跃。

毋庸置疑，线下旅游营销活动独特的现场氛围，能够带来很多意想不到的效果。

首先，通过PPT讲解培训、游客近距离接触等行为，专业营销人员让游客对旅游产品产生了不同的认识与了解，可以迅速提升旅行社在客户心中的专业性，使得游客在互动中强化了自身需求，并释放消费能力。

其次，线下旅游营销突破了传统的销售理念，将旅行社与营销活动承办者的优秀形象与品牌文化加以充分展示。通过一次性的投入与现场成交，我们可以在当地同业者和旅游景区之间扩大影响力；通过现场带动节奏来扩大收客范围，并制造轰动效果，借由事件传播提高声誉。这样，我们就能通过销售和渠道、销售和市场的效能共振，产生最佳效果。

最后，线下旅游营销会根据市场与游客的特点，有目标地选择旅游产品，使旅游产品与客户之间的契合度达到最高，辅以大力度促销、特价线路、特定场合、特邀人群等优势，再加上现场抽奖、促单、优惠的形式，超越了传统销售所能触及的边界，使游客更容易产生再次旅游的冲动，为下一次线下旅游营销活动提供有力保障。

第六章

一场完美的线下旅游营销

有一次，结束了一场线下旅游营销活动后，某同业人员问我："老师，有什么办法让客人不再四处比较价格，能够迅速下单？"

在2020年至2021年，"新冠疫情"对旅游市场冲击最猛烈的时刻，我们的线下旅游营销脚步始终未停歇，尤其是当一个地方的疫情得到控制，可以开展线下会议活动时，我们就会马不停蹄地操办起来。

从广东到新疆，从内蒙古到江苏，这两年，我们的足迹遍布大江南北。要问成绩怎么样？说实话，我们算是对得起自己，对得起合作旅行社。

记得2021年6月，在我国西部某三线城市，我们搞了一场线下旅游营销活动，合作旅行社在当地的规模数一数二。结果呢？他们只邀请来了40人。

此时此景，让在场的旅行社老总目瞪口呆，估计他当时失望透顶了。

不过，三个小时之后，这位老总又一次目瞪口呆，因为40个人里面，有34人实现了转化。当时我们销售的是一款高端健康旅游产品，均价近7000元，满打满算，这场活动我们实现营收近24万元。减去当地的办会成本，收入超过19万元。

这在疫情尚未过去的2021年实属难得，毕竟很多人的出游和参会意愿仍被压制中。在仅有的40人中，我们实现了高转化率。可以说，这是一次相对完美的活动，如果就此延续下去，旅行社安稳度过危机，绝对不成问题。

且让我们关注一下，一场堪称完美的线下旅游营销活动，到底是如何搭建起来的？

6.1 掌握新技能，从赠品说起

通常，结束了一场线下旅游营销活动后，我经常会被同行们留下来多讲一会儿，讲什么呢？就讲困难与危机该如何度过。

我是一名从业将近二十年的老旅游人了，从一线员工做到旅行社高级管理人员。我经历过旅行社行业的繁荣、浮躁，也见识过在线旅游的打压和侵蚀，那真是弹指一挥间。

从2001年我国加入WTO（世界贸易组织）开始，就有很多人做好了改行的准备，因为他们预测到了竞争的加剧和行业的惨状。不过，二十年过去了，旅行社行业依然还活着，而且，有人还活得很快乐，并把自己的旅行社运作得在当地小有名气。

当然，每当老总们看到财务报表的时候，基本都会心里咯噔一下。看着吃紧的现金流，大家难免会为接下来的不确定性感到不安和迷茫！对于有心人而言，这时就要开始思变了，因为只有改变，只有前行，才不会被对手赶超！

改变的过程不轻松，从精神到体力，我们经常会感到特别紧张，就怕自己做不好。不过，等看到结果的时候，你会发现，其实那些困难不过如此，并没有什么过不去的坎儿！

"生意越来越难做了……"

每当我讲到危机的时候，台下总会有同行大声反馈。

这个问题似乎不用讨论，生意肯定不好做，各行各业都是如此，不只是旅行社行业。这时，我通常会反问大家：我们是否做出了改变？我们是否勇敢地接受了新鲜事物？

其实有件事让人很难理解，很多人有抱怨的时间，有焦虑的时间，为什么就没有学习的时间和思变的时间呢？

因此，我很希望参与线下旅游营销的旅行社们能互动交流，并且希望这些旅行社是一支积极奋进、努力学习的团队。否则，我们连工具都用不好。

工具能让人变得强大，甚至可以打败顶级高手，前提是这个工具可靠好用。做营销、做线下旅游营销，我们除了要有专业精神和专业能力，还得有专业工具。有了合适的工具，我们可以走得更快。

现在早已不再是"酒香不怕巷子深"的年代了，即便是好酒（好产品），也怕深藏在巷子里，若不想被淘汰，就要尽快拿起营销工具。

说实话，我骨子里特别喜欢做营销工作，为了帮助更多旅行社得到长足发展，我需要独到的方法和工具。

针对线下旅游营销，在谈及整体的方法论之前，我们先关注一个被很多人忽视的工具——赠品。

在现代商业中，赠品随处可见。通常，赠品是在消费者购买特定产品时，随货免费赠送的礼品，它附着于产品包装内，或另行包装。

后来，在举办促销活动时，为了能吸引更多参与者，主办方会慷慨提供赠品，甚至将赠品作为活动噱头。因此，赠品的选择非常重要。首先，赠品必须是消费者钟爱的商品或服务；其次，赠品与一般市面上能买到的商品有所差异，这样，才能让消费者感受到赠品的高价值。

那么，我们的线下旅游营销活动，应该采用什么样的赠品呢？

记得有次准备线下旅游营销活动，我们和旅行社方面商议准备什么赠品，结果对方建议赠碗、锅、被子，理由是这些东西很实用。

不过，这真的合适么？你是否记得，以前参加活动、购买家电、装修房子时赠送的那些锅碗瓢盆，后来真的派上用场了吗？

这些赠品，大部分人都不会用，因为杂牌太多，用了不放心，尤其是对于高端客户而言，他们通常很在意品质。

这样的赠品，送了人家也不想要，如果硬塞给人家，反而会伤了感情。没办法，现在营销活动中90%的赠品，都属于垃圾赠品，都是大家不认识的品牌，不敢使用。

> **准备什么样的赠品？**
>
> 赠品一定要具备"品牌+品质+完善的售后服务"这三个要素，如此才能展示我们线下旅游营销的诚意。要知道，与可观的营销收入相比，赠品的投入成本值得提升。

6.2 凭什么尖叫？全凭你造势

《孙子兵法》中有句名言："激水之疾，至于漂石，势也。"大意是：湍急的流水飞快流淌，甚至能冲走巨石。这，正是"势"的力量。

什么是"势"呢？它是一种无形的力量，可以推动整件事情朝你希望的方向发展。我们常说，若要取得成功，就得先声夺人，目的就是造声势。

的确，如果我们没有先天优势，就得造势。通俗讲，就是要炒作自己，先把市场搅热了再说。

造势，实际是一个从无到有，从小到大，从芝麻变成大西瓜的过程。在这方面，蒙牛的案例可见一斑。

1999年，在蒙牛成立之初，他们从借来的600万元启动资金中拿出一半打广告，就为出名。至于该选择什么广告方式，蒙牛管理团队采用了覆盖呼和浩特大街小巷的300块户外广告。

为了达到轰动效果和强烈冲击，蒙牛决定在一夜之间让广告牌全部到位，于是，他们雇用大量人手进行前期准备。正所谓"万事俱备，只待时机"，当天深夜，在市民们睡觉后，他们立刻开始安装。

第二天一早，当大家出门时，300多块户外广告牌震撼了整个呼市。当所有市民早晨出门，立刻被一种"天降神兵"的宣传所震撼。只见绿化带、机动车道和自行车道上，到处都是"蒙牛"的字样。瞬间，蒙牛在呼和浩特名声大噪。

这就是一种造势，充分调动了各种资源，综合运用了各种手段，充分吸引公众的注意力，使利益最大化。如此，他们创造出有利于自己的形势、趋向、高度，此后即可"登高而招，臂非加长也，而见者远；顺风而呼，声非加疾也，而闻者众。"

让我们回到线下旅游营销上来，如果没有受众目标，一切努力都等于徒劳。我们既然要举办聚焦于营销的活动，必然需要前期的大力宣传和推广。那么，我们该怎么把信息准确传递出去，才能让市场产生有热度的回应呢？

这首先涉及两个问题："如何选择造势媒体"以及"如何巧妙造势"。

不管你的旅行社历史有多么悠久，也不管你的市场规模曾有多大，其本质是一个纯商业机构，我们的活动必须要考虑市场认知度，传统的造势手段必不可少。

当我们旅行社与媒体之间产生合作时，就实现了我们此前说过的异业合作。这种异业合作的成功案例比比皆是，在我们线下旅游营销中更是常见。

选择造势媒体时，我们应该侧重于在当地有话语术的主流媒体。正如我们此前所说，他们的信息可靠，在群众中有着较为充分的影响与威信，即便在移动互联网时代，这种公信力仍未被弱化。当我们与主流媒体合作时，对方可以为线下旅游营销活动赋予公信力，更容易获得中老年游客的信任。

此外，一旦与主流媒体形成合作关系，我们与媒体就形成了利益共同体，共同分担风险、共享合作收益。为了达到共赢的效果，媒体势必会充分发挥自身能力，配合我们进行宣传，尤其在软性宣传领域方面，他们拥有更高的可信度、美誉度和权威性，对我们活动的整体推广，都是难得的支持资源。

另外，作为受众面广泛的媒体，其本身就拥有固定的客户群体和粉丝群体。通过与媒体的合作，我们能够充分调动其固有客户及粉丝的参与度和积极性，从而增加线下旅游营销的基础受众人群。受众人群基数越大，成交人数也就越多。

当前期的准备活动基本结束后，我们的关注重点就要转移到活动现场中来，因为，活动现场的造势同样必不可少。可以说，我们所有的启动、转化、下单都会在这短短的几个小时内完成。

于是，我们要邀请具备影响力的人，为我们的活动造势。

我们都知道，很多会议都会邀请嘉宾，为什么呢？因为他们需要有威信的人给自己站台，如此，可让会议的档次和影响力瞬间提升，传播范围会更广。不信，你把当红的流量明星请来，看看会不会爆棚？

人是具有从众心理的生物。在战争中，若能率先制服敌军最有影响力的领军人物，那么，我们距离全面胜利为之不远。这就叫"擒贼先擒王"。同样，虽然每位游客的观点、看法和思维方式不尽相同，但总会有一些人在影响或引领一部分人群。我们必须充分发挥这些人的影响力，用专业的推崇精神，邀请他们来为活动造势。

若有条件，我们一定要邀请当地政府部门的领导出席，理由有五个：

第一，政府部门有公信力，对于游客来说更容易信服；

第二，有领导在场，游客感觉被重视；

第三，有领导在场，说明公司实力雄厚。如果公司没有实力和信誉，领导基本不愿意出席。这是游客的一个潜在心理；

第四，有领导在场，说明旅行社的前后期服务均有保障，包括保险、出团、服务、品质等方面；

第五，有领导在场，游客本身也会重视活动，令活动现场更加井然有序，有利于演讲师向游客的脑海植入产品。

如果实在邀请不到政府部门领导，怎么办？其实，我们还可以邀请旅游资深人士。

活动现场邀请哪些嘉宾？

● 旅游行业资深人士或专家，如知名的旅行社老总、导游和从业者等，无论他们是在职还是退休，其过往职业背景和工作经历，都决定了他们对旅游产品的话语权，远高于普通游客。

● 旅游达人或"发烧友"，包括线下"驴友"联盟的管理者、知名旅行家、摄影家、作家、旅游论坛管理员、旅游电商从业者等。由于他们的职业和爱好都离不开旅游，再加上其身份的公允性，很容易说服参会游客。

> ●媒体从业者，包括网站、电视、电台、报纸的记者、编辑或领导，也包括新媒体从业者（含知名微博博主）等。由于媒体掌管社会舆论的影响权，在主流人群尤其是中老年人士的心目中有很高的地位，因此相关从业者也非常适合为活动造势。

我们还有这样一种经验：某手机推出一款新品，还请了当红明星做广告宣传，号称手机功能很强大，但是你却犹豫不知该不该买，直到隔壁小王买了手机说还不错，于是你就马上出手了。这就是朋友推荐的力量。

因此，我们除了要借助有影响力的名人之外，更要懂得如何从看似普通的群体中发掘有影响力的人。至于如何挖掘，我们可从以下三个方面入手：

第一，从参会人员的基本信息中调查获得。

通过活动前的邀约，我们会初步获得参会游客的年龄、职业、经历等基本信息，从中可预测分析哪些人有可能具有群体影响力。

举例来说，我们即将推出的旅游产品是港澳台十日游，从参会游客的基本信息中发现，有某位潜在客户是大企业领导，孩子在香港上学，那么他必然对当地情况有一定了解，很有可能成为本次线下旅游营销中最有影响力的人。为什么呢？一方面，许多中老年人都对培养出优秀孩子的同龄人存在崇拜与信任的心理；另一方面，身为大企业领导，他的选择偏好容易影响其他人。

可见，巧妙分析和利用参会游客的基本信息，能够帮助我们挖掘出重要人士。

第二，从观众的行为举止中分析。

即便在活动现场，也能临时发现那些具有不同影响力的人，并做到为我所用。演讲师在台上讲解时，很可能有参会游客当场提出自己的看法或意见，也会有人在台下交头接耳，表达看法……这些看似平常的行为举止，却能够充分展现此人是否有主见，是否有改变他人的影响力。

对于那些敢于主动和演讲师交流、提问、质疑的人，以及那些希望出风头或带动情绪的人，我们的营销团队要及时跟进了解、引导和说服，将他们作为最先"进攻"的客户目标。一旦在其身上取得了成功，就能利用他们的影响力上台造势再带动其他客户，整场营销就更为顺利了。

第三，主动与参会游客进行沟通。

沟通交流，是营销团队最容易直接判断对方影响力的方法。例如，在活动现场，当我们直接询问对方对旅游产品的看法时，如果对方说"还行，我打算再了解"或"听起来不错，挺好的"之类的话，却并没有付费购买的行动，他很可能就是在等待其他人的反应，然后跟风行动。如果对方主动说"我觉得你们这个产品有……方面的问题"或"产品是不错，主要就是……"之类的话，说明他是一个有主见的人，并很可能熟悉旅游行业，完全有能力影响其他人。这样的潜在客户，显然是营销团队需要优先争取的对象。

到了活动开始阶段，我们仍然要把握好这个"势"。此时，我们重点要借势。

在线下旅游营销中，造势等同于借势，合作等同于借力，如何才能将别人的资源为我所用？关键在于专业的推崇力量。通过推崇，我们可巧妙地从第三方借到资源，促进成交。具体来看，借势主要有两层方式：

第一层：普通借用方式。

我们邀请名人助阵，来造声势，发挥权威的力量。那么，我们怎样让大家都知道他在行业里如此有名呢？我们可通过语言和行为进行推崇。

首先是语言推崇。我们可介绍到场知名人士的成就、成果、贡献、荣誉等。在现场，台上主持人也可以用强有力的语言，对演讲师或合作伙伴的成绩进行全面描述，台下则通过员工的带头示范行为，组织观众欢呼、鼓掌表示欢迎，带动参会游客的推崇行为，加深他们的认知。

然后是行为推崇。当领导、专家、演讲师进门后，主持人应该立刻上前迎接并热情握手，并由工作人员协助拎包、佩戴胸花，再引领至贵宾区域休息。同时，还要安排工作人员为其端茶。领导、专家、演讲师上台讲解时，应该有工作人员专门提供服务，如递上白板笔、擦黑板等。讲解完毕后，应该有工作人员上台邀请其签名，并要求合影留念。最后，由让大家以热烈掌声欢送其退场，并由专人引领其回酒店休息。

通常，这样看似"浮夸"的行为，是为了显示对领导、专家、演讲师的尊重，当然还有另外一层意思，即用我们的行为推崇唤醒大家的认知。

第二层：进阶借用方式。

为了更好地借用他人资源，我们需要提前做足功课，掌握我们所邀请的领导学历、成就、著作、奖项以及独特的人格魅力等信息，甚至掌握对方的相貌、体格、性格、喜好等细节。这样，我们在介绍嘉宾时就会更加具体，更加接近本人。

具体来说，进阶借用方式包括文字推崇、PPT推崇、系统推崇。

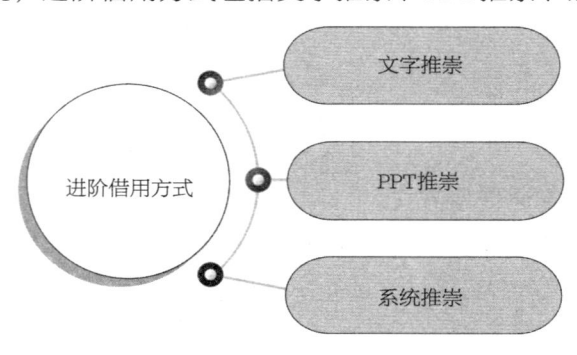

图6-1　进阶借用三种推崇方式

首先是文字推崇。我们事先将要推崇和借用的内容资源，正规地打印在文件上进行下发。这样，现场参会游客从拿到文字资料时，就能受到感染和影响。

其次是PPT推崇。我们事先将被借用对象的品牌资源投影在屏幕上，由主持人或讲师按照屏幕上的文字进行系统规范的推崇。PPT可以是静态的，也可以包含图片、声音、视频的动态内容。

最后是系统推崇。从整场活动的系统角度，充分使用前述所有方法的综合推崇。例如，通过鲜花、海报、横幅、服务等欢迎元素，充分凸显合作贵宾或企业的实力资源，引发参会游客的崇拜与仰慕，并将这样的心理感受变成利于营销结果的重要诱因。

当前期的铺垫工作结束了，我们最重要的主角就要隆重登场了。他们就是到达活动现场的游客，他们中有九成以上是为了参加活动而来，也就是最关注活动的主体。因此，我们要反复酝酿、反复推敲，把一个旅游产品打磨透，当它一经推向市场，必须要一鸣惊人。这也是线下旅游营销的江湖绝技。

6.3　成功的秘诀：全能策划案

我常把线下旅游营销视为旅行社市场工作中的"独门秘器"，也是一把双刃剑。若使用得当，我们可以化腐朽为神奇，帮助旅行社在市场中开拓自己的天地；若使用不当，不仅劳而无功，反而会伤害自身。因此，在每一场线下旅游营销活动之前，我们务必要静下心来做一个全方位的策划。

通过这个策划，我们要让整场活动，具备三个要素，而这三个要素，与我们此前说过的赠品要素一致，即：**品牌+品质+完善的售后服务**。

首当其冲的，就是关于品牌的策划。

品牌策划是一个任重而道远的工作，需要我们常年不断地累积、不断地重复、不断地强化，才能出现品牌效应，达到我们想要的效果。

毕竟，我国旅游行业市场在某种程度上还不健全、不规范，尤其在旅行社团队旅游中，欺骗消费者的情况依然时有发生，当他们被媒体曝光时，严重损害了旅行社在消费者心目中的形象。

同时，中老年群体中不乏有一定文化层次的人，对旅游产品的消费日趋理性。因此，只有做好品牌策划，旅行社才有充足的吸引力与号召力。只有那些管理规范、服务真诚到位的旅行社，才能赢得潜在游客的信任和青睐，并因此获得线下营销活动的成功。

可以说，品牌策划是提高产品品质与服务质量的前提，我们要对品牌形象实施全面立体的设计和长远深入的策划，一旦确立方向之后，就要在营销活动的进程中，利用不同的机会，进行有计划、有步骤的品牌建设，确保自身品牌深入人心，并在营销活动中充分发挥价值。

再看产品策划，在产品策划中体现品质和完善的售后服务。

想要让营销活动的效果不断提升，除了过硬的产品质量和优质的服务体验，还需要产品和企业的文化内涵，这样才能酝酿出品牌的外延价值。相比之下，那些不注重长远发展的短期做法，更侧重于对产品功能的夸大；对价位胡乱提高；对包装用尽赞美之词，但却不看重产品内在文化的挖掘和线路的规划设计。

为了让旅游产品达到成功营销活动的要求标准，我们应该在以下五个方面加以注意：

第一，赋予产品内涵。 毕竟我们的线下旅游营销也要销售产品之外的内涵。放眼今日之旅游市场，旅游产品已经相当同质化，从旅游路线、内容、服务来看，几乎没有依靠产品质量就能一枝独秀的可能。

例如，在中老年团队旅游产品中，我们可以利用口号进行体验价值方面的延伸，如"XX休闲游路线——轻松夕阳红！没有轻松就没有休养，没有休养就没有快乐，没有快乐就没有长寿。XX休闲游，让您的老年生活快乐起来！"

这种旅游产品，除了销售产品本身的元素之外，还销售了轻松、快乐、健康、长寿的文化概念，而旅游产品本身只是老年人所追求生活方式的一部分，其他部分则来自营销团队在服务过程中协助获得的心理感受。如此，该旅游产品就和其他旅游产品产生了明显差异，具有相当突出的竞争优势。

第二，产品定位准确。旅游产品应该定位准确，从产品源头对游客群体进行细分。参照其他行业中线下营销效果突出的企业，大都是在中老年市场上获得了丰厚回报，旅行社应该进一步借鉴，首先发掘中老年游客的问题并加以解决，其次再从不同角度（家庭结构、经济情况、社会角色等）加以区分，为不同的人群提供不同的旅游产品。

第三，产品性价比要高。旅游产品的性价比要高，我们要将最实惠、最划算的地方进行着重包装，让游客一眼就能看明白。对中老年人而言，旅游的主要矛盾在于：本身既有走出去看看美好世界的愿望，又担心安全、支出、身体健康等问题。因此，我们的旅游产品必须集中在这些矛盾上，提供最好的解决方案。这个方案既要让游客触达从未领略过的风景，又能解除他们的后顾之忧，如提供随团保健医生、合理化行程等。

第四，旅游产品要有强大的概念。线下旅游营销需要对游客进行长时间和高密度的信息渗透。由于参加营销活动的人大多具有一定的文化素养和社会经验，过于浅显简单的旅游产品概念，已经无法触及他们的心灵最深处，因此，旅行社必须为自己的旅游产品构建专属的概念，既要有看似深奥的科学知识，又要足够浅显易懂。

例如，我们要组织中老年游客团队去体验温泉旅游产品，就不能像其他旅行社一般，简单地打出"天然温泉洗浴"的口号。相反，我们应该将温泉概念进行深度包装，在活动前、活动中和活动后反复宣传温泉洗浴养生的原理，我们可以向游客们讲述：温泉可以舒缓身体疼痛，促进身体胶原组织的延展，强化关节活动和血液循环，促进新陈代谢。

当然，我们还可以进一步进行分析温泉水的物理作用，主要包括温泉水的浮力、静水压力和温度。其中，浮力作用能够减轻身体（尤其是双脚）的长期受重疲劳，还能够有效提供肌肉支撑，从而降低中老年人特有的肌肉紧张度，并能对肌肉关节疼痛和精神压力紧张起到舒缓作用。

此外，我们的演讲师和营销人员，还可以结合不同中老年游客的特点，做出相应提醒。例如，75岁以上老人，我们就建议不要参加泡温泉了，如果本身就患有急性疾病、心脑血管疾病的人，也不应该泡温泉。对于那些年龄许可，但血糖和血压有一点小问题的老人，泡温泉要适可而止。

我们还要提醒他们，在泡温泉过程中，必须随时留意自身的变化，一旦有不适就要立即停止。使用类似知识普及的手法，我们的旅游产品中就能多一些人文理念，同时又贴合对方切身感受，具有更强的吸引力。

第五，准确的定价。我们在线下旅游营销中主推的旅游产品，应被充分发掘内涵，能走适度高价位的策略。如果定在低价位，则不妥。一方面，这容易让游客对旅游产品的价值和内涵产生怀疑；另一方面，原本营销团队和工作人员的收入与销售提成挂钩，如果价格定得低，难以激发他们的营销热情。

基于以上原则，我们在定价时需要注意两方面因素：首先，我们应合理地确定整支团队的规模和客单价；其次，对于价位高的旅游产品，我们要综合多种因素加以确认，多加考虑旅游内容的必要成本，保持合理适度的比例。

在如何选择合适的旅游产品方面，我们也要下一番功夫。

对于整个旅游行业来说，市场与产品的关系，就是游客与其体验效果所构成关系。

毫无疑问，参加营销活动的游客就是市场，他们在旅游过程中所获得的经历，就是所消费的产品。

我们需要再次重申一下，旅游产品并非单一产品，而是目的地景区、交通、住宿和娱乐等元素的有机组合。在消费者看来，旅游产品虽然都有其共通之处，但不同的旅游产品却存在着不同的特质。我们知道，很多产品都会不断更新换代，旅游产品也处于不断发展演化的过程中，旧的旅游产品会被市场抛弃，新的产品则会不断被市场所追捧。对于旅行社而言，在确立主要营销风格之后，最重要的动作，就是选择合适的旅游产品。

出乎很多人意料的是，2020年之前，游客主要选择的旅游产品依然倾向于观光旅游，有一些多次出游的人，会尝试专项旅游产品。

在旅游产品目的地选择方面，伴随市场需求的不断升级，各地方对旅游目的地打造也在不断深化。从旅游目的地的选择上看，以下四个细节绝对不可忽视：

1. 有人气

由于线下旅游营销活动形成的团队规模较大，我们必须选择有充分人气的旅游目的地。如果每年游客量超两百万人次，就算是一个相对理想的目的地。反之，如果选择相对冷门的地方，整个旅行团会因为目的地开发不够成熟，而容易产生接待设施与服务配套等方面的问题，对旅游产品交付带来压力。

2. 有风景

我们应该选择拥有4A级以上自然或人文旅游资源的区域，并保证区域内有足够无障碍的可享受景观。

3. 有活动

旅游目的地要有足够空间，可以支撑相对集中的大规模活动。毕竟参加团队旅游的社交获取，也是中老年游客的选择初衷。很多人喜欢热闹一些的活动，因此才会通过线下旅游营销活动来报名参团。

4. 适游期长

合适的旅游目的地，全年适游期不得少于200天。这是旅游产品目的地选择时的重要考量条件。以该条件为标准，国内路线应以华南、长三角、西南、东南、西北地区为主，国外路线应以西欧、美国、澳洲为主。

那么，我们该如何选择合适的出团时间呢？

通常，旅行社对旅游产品有诸多规划，包括地点规划、路线规划、价值规划、人群规划，同样重要的还有时间规划。实际上，时间规划的合理性，对旅游产品的吸引力会有很大影响。

在日期选择方面，针对线下旅游营销的群体，最好的选择是节假日。我们可以围绕元旦、春节、五一、端午、中秋、国庆等节日，可以打造出贯穿全年各节日的团队旅游产品。

之所以重点突出节假日，因为节假日是最佳出游期间，满足了中老年客户利用节假日"摆脱"繁重家务劳动并出外游玩的心理，同时，借助假日出游的人气，能让更多人了解到旅行社的产品，达到比较理想的宣传推广效果。

另外，在节假日游玩，还能从节日文化中借势浓郁的喜庆氛围，并用旅游目的地的特定民俗活动作为卖点，将旅游产品打造成复合型文化旅游项目。

至于整体的时间把控，旅行社在事前策划中，就应该对游客的时间安排进行必要的情景式规划。首先，游客从住宿酒店到旅游景区的时间越短越好，当然，随着交通条件的改善，这部分时间在客观上也有了更大的缩短余地。

最重要的问题是，游客从住宿酒店到旅游景区的时间，和游览时间的比例关系，通常应该是1∶1。比如说，如果游客从住宿酒店到旅游景区，途中花费了一个小时，往返即为两个小时，那么在该景区的游览时间至少要两个小时。

总之，要举办好一场线下旅游营销活动，必须做好前期策划，而且，前期策划中保存着最朴素的旅游方法论，需要我们通过不断学习、实践、总结来一步步提升，慢慢成为行业牛人。

6.4　选址有深意，邀约是艺术

我们说了这么多关于线下旅游营销的准备工作，其实关键还是在于平时的经验积累，一方面是优秀案例的积累；另一方面是执行活动的积累。当我们要呈现出一套完整的活动策划方案时，还有三个要素必须要精心设计，分别是线下旅游营销活动的地点、活动主题、邀约方式（见图6-2）。

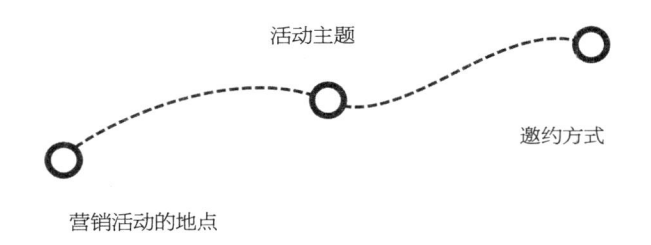

图6-2　一套完整的活动策划方案的三要素

首先，我们关注如何确定活动的地点。

活动地点的选择，不仅是线下旅游营销必要的准备步骤，还会影响游客是否下单的心理。只有在特定时间和环境下，潜在游客才能收到强烈的心理暗示，从而做出有利于下单的决定。

在地点选择方面，我们应该深知一个良好的营销活动场地应该具备什么标准。在我看来，其应该符合以下三个标准：

1. 地理位置优。我们应该选择交通便利的地方，一般是游客普遍集中居住的地区。

2. 活动会场好。我们应选择在活动举办地有较高知名度、档次较高的星级酒店，尽可能预定面积较大的会议厅、宴会厅或多功能厅。如果被邀请的游客人数较少，也可以选择精致的小会议室。

我们的活动会场应该宽敞明亮、视野开阔、空气流通、格调大方，活动会场形状最好是正方形，而且中间没有柱子遮挡视线。在活动会场外，应该有比较宽敞的走廊，便于我们设置签到区和活动服务区。

总之，我们的活动会场选择要充分考虑活动规格与档次的良好体现，便于展现出旅行社的品牌形象，为游客们营造出轻松、愉悦、欢庆、热情的参会环境，保证线下旅游营销的整体效果。

3. 设施全。我们的活动会场要有完善的配套设施，不仅限于投影屏幕、无线麦克风、音响等。另外，活动会场提供方应保证周到的服务，能够提供会场布置、音响配合、指示牌摆放等服务。

为了做好活动场地的选择及前期工作，我们在团队中应成立会务小组，并要提前到会场考察情况，加以确定。如果有必要，可以同酒店负责人商谈，将之作为长期定点的活动场所，这样就能获得最好的场地和最优惠的价格。

其次，我们还要设计相关的活动主题。

从常规角度来看，我们的活动主题至少应该包括以下四种类型：

1. 纪念日主题。围绕特定纪念日来设计活动主题，这是最为简单直接的方法，尤其对于中老年游客而言，大家都有不同程度的怀旧情结，特别希望在特殊的日子里聚会出游，从而分享自己对生活的感悟，和对往昔的追忆。因此，以纪念日为活动主题，能够有效地让游客从内心进入情境，沉浸在活动氛围中。

我们可以用来设计活动主题的纪念日有很多，比如毕业纪念日、恋爱婚姻纪念日、父亲节、母亲节等等。在挑选纪念日时，我们应尽量围绕游客的个人生活与家庭经历，这样能够有效地唤起他们的共鸣，并促进参会游客之间的密切交流，使他们能相互影响带动，从而集体购买旅游产品。

2. 集体活动主题。以集体活动的内容为主题，旨在通过潜在游客的私人联系，构建线上和线下充分交流的基础，以便在营销活动开始之前就充分预热。同时，集体活动主题也能够在游客购买产品之后，进行更大范围和更长时间的传播，确保更多人能处在良好的社交氛围内，从而勾起他们参加团队旅游的欲望。

我们可借力的集体活动主题有很多，包括老年大学活动、社区活动、老干部（教师、医生）联谊、社会组织联谊、体育（音乐、舞蹈、美术）爱好者联谊等等。

3. 健康养生主题。如何获得更为健康的晚年生活，是每位中老年人都会重点关心的话题。在此，旅游产品可以充分发挥健康养生的内涵，以此构建主题，拉动人气、吸引观众。尤其重要的是，健康养生主题能够和旅游形式充分结合，比如，在团队旅游行程中安排健康讲座、保健服务、医疗咨询等等，这都为线下旅游营销中的产品推广打下了坚实的基础。

4. 周年庆典回馈主题。我们还可以从旅行社的角度出发，推出周年庆典回馈主题。这种主题同样能够吸引大量的人气。一方面，借力周年庆典，我们可以大力宣传旅行社的发展历史和突出成绩；另一方面，周年庆典又可以通过互联网进行线上的传播，由老客户带动新客户，加入我们的营销活动，一起来享受回馈优惠。

同时，这样的主题活动还能最大程度开发供应商与合作伙伴的资源，为他们搭建一个统一战线，以此为视角，让他们积极加入到营销活动中，可以有力降低成本，并提高效率。

明确主题之后，围绕主题的一系列执行活动就是我们成功的关键。在长期实践中，我们见过很多活动，虽然主题选择恰当、方案制定完善，但执行过程中却由于细节缺失，最终导致营销效果大打折扣。

鉴于此，我们的营销活动必须从最初的准备阶段开始，就做好执行团队的主题培训工作。

比如，营销工作相关人员就要先准备好演讲内容，讲解内容应围绕主题，具备故事性，同时还要感人、真实，要发自肺腑；其次，营销工作相关人员应整理好个人负责的潜在客户，选择出其中最能够接受主题的核心目标，作为营销工作的开展重点；最后，我们要做好活动会场内的布置宣传，包括宣传资料的制作、会场海报、展架、宣传课件、条幅，以及营销话术内容等培训引导，从而确保游客进入会场后，就能立刻感受到主题的气氛。

最后，就是邀约。

诚然，邀约工作很不好做，毕竟我们要打开一位陌生人的心扉。因此，我们在向游客发起邀约的时候，需要借助一个小道具。有了这个小道具，许多问题就会迎刃而解。这个小道具我们都不陌生，它就是入场券。

图6-3 入场券

那么，小小的一张入场券，能起到什么作用呢？

俗话说，这世界上没有人会珍惜白给的东西，因为白给的东西往往没有价值，太不金贵，所以，我们一定要为自己的营销活动设置门槛，不是谁想来就能随便来的。一方面，我们要让游客们感觉到参加活动是一次难得的机会；另一方面，我们也要让游客感觉到自己身份的尊贵。所以，我们必须要使用入场券，并要让它发挥出重要价值，从而达到成功营销的目的。

首先，我们来了解入场券的功能。简单来说，入场券可以发挥以下六大功能：

1. 使用入场券，只允许持票者入场，就可以有效控制入场人数，避免有些游客临时邀请自己的朋友和家人陪同前来，从而导致现场人数过多造成干扰。

2. 入场券应由专业设计师来设计，并请专业的制作单位来印刷。当参加活动的游客拿到精美的入场券后，更容易在脑海中产生画面感，随之产生参加活动的强烈愿望。

3. 在发放入场券的过程中，营销团队能够对潜在游客进行初步筛选，从而有效限制单纯入场、凑热闹、领礼品的非优质人群。

4. 无论是新游客，还是老客户，领取入场券都需要走进旅行社的门店，这一过程在无形中增加了游客与营销人员直面沟通的机会，有效加深彼此印象，增强了他们和旅行社的黏度。

5. 通常，入场券的副券上需要游客登记姓名和手机号，这一步骤便于营销团队收集客户资料。同时，副券也是后续参加抽奖活动和领奖的凭证，游客们往往会高度配合填写个人真实信息。

6. 入场券本身印有活动的时间和地点等内容，可以随时提醒中老年游客，避免他们忘记活动时间和地点。

针对以上六大功能，我们在入场券的设计中，要把握好营销原则。最好，我们的入场券设计和使用要科学合理，既能够让游客接受邀请，也能为后续营销工作打下基础。下面要说的这几条原则，需要我们加以重视：

1. 围绕潜在游客，塑造吸引力。我们的入场券在形式和内容上，均要对潜在游客产生真实的诱惑力，尽可能通过他们的眼球来抓住他们的内心。

入场券的文字内容可以带有悬念或疑问，从而使游客产生好奇感，也可以传递出旅游产品线路的美好与乐趣，让游客心生向往。可以说，入场券绝不能普通平庸，而要让游客们第一时间感觉到本次营销活动的与众不同。

2. 文字内容应有内涵。我们应该把入场券视为面对潜在游客的第一份邀请函，而不只是简单的活动通知。因此，不要使用普通的内容去装点入场券，而应精心打磨文字，针对不同类型的活动，结合旅游产品的具体特点，设计出令人印象深刻的入场券文案。

总体来说，我们的入场券必须要和竞争对手发放的营销资料有着明显差异。这种差异或体现在独特的标志上，或体现在独特的字体上，或体现在个性的颜色使用上……

只有与众不同，才能让入场券在游客每天所接收到的海量信息中脱颖而出，进而展示出我们旅游产品的差异性和特殊性。只有突出这份与众不同，我们才能让游客认为即将参加的旅游营销活动充满着新意，进而产生了解具体细节的冲动。

3. 入场券应体现活动的权威与公益特征。在入场券上，我们应该用醒目的字体和内容，体现出主办机构的权威性。主办机构不仅要有旅行社，还可以包括地方旅游局、旅游协会以及其他合作伙伴。在不违反现实情况的基础上，我们要尽可能让主办机构显得更官方、更权威，这样才更有说服力。

另一方面，我们的营销工作也应该站在潜在游客的角度去衡量。我们要探究一个问题：拿到入场券对游客而言意味着什么？显然，如果入场券缺少了公益感,对方就很容易认为这是一场单纯的商业营销活动。虽然我们不需要刻意隐瞒自己的商业性,却更要在入场券的设计因素中突出"爱心""免费"等公益元素,以至能起到良好的宣传效果。

在设计制作好入场券后,我们就要考虑如何送出入场券。这也是邀约的核心环节。

我们送出入场券,最直接目的当然是邀请到足够多的潜在游客来参加营销活动,而从长远来看,其目的在于展现旅行社的诚意态度和优质服务,并在更大范围内展示品牌的良好形象。

通过发送入场券,营销团队能够用自身服务获得潜在游客初次赏识的机会,加上勤劳付出的行动,赢得客户的信任,并增进双方的情感。此外,围绕入场券中相关知识点的交流,有助于营销团队树立专业权威的形象,获得游客的充分尊重。

在具体行动中,发送入场券之前,营销人员应该事先对游客及其家庭进行详细了解,包括了解游客及家人兴趣爱好等信息,围绕这些个性信息,制定出有针对性的心理影响话术,如此做好准备工作。

在明确了入场券发送名单和方案之后,营销人员可以事先和游客进行沟通,随后明确好发送入场券的具体时间。为了确保准时到达,营销人员应该将详细地址、行动路线、路程时间计算完备,确保提前到达。毕竟赠送入场券事关旅行社形象,也影响到营销活动的整体效果,不能随意马虎。

重要的是,在营销团队的日常工作中,应注意搜集潜在游客信息,累积成资源,并在日常工作中强化沟通技巧,及时获取大家的旅游意向,建立详细的客源档案,为高效送出入场券做好充足的准备。

第七章

从独一无二的气氛,
到天衣无缝的团队

说到做线下旅游营销的点点滴滴，很多经历过的不重要之事，或许我已经遗忘了，但重要的事和细节，统统都在我脑海里留下了深刻的印象。

有很多旅行社的老总和高管，总希望我去做一些关于线下旅游营销的方法分享，因为他们看到了这种营销活动的成效，的确能够帮助旅行社度过困境和危机。

尤其是那些没有实操经验的旅行社团队，特别希望我们能传授一些有价值的方法论。于是，我针对旅行社的同行们设计了一些课程。

春秋时期的思想大家老子有句名言："天下难事，必作于易；天下大事，必作于细。"

这话什么意思呢？天下的难事，一定是通过容易做到的事情演变而成；天下的大事，一定是从细小之处开始累积。因此，我们要解决困难，就得趁它还处在容易阶段的时候；要成就伟大的事业，就要从最初的细微工作开始。

通常，我会设置100分钟以内的课程，把我上百场的实操经验分享给各位同行，尤其是各种细节之处。讲课时，我常看到很多同行在专心做笔记，让人颇感欣慰，因为，要想塑造一场完美的线下旅游营销活动，我们要做的工作还有很多。

比如，我们要在活动现场营造出最恰当的氛围，才能调动游客的情绪。如果现场的气氛能够让游客为之欢笑、为之动容、为之流泪，那么他们还有什么理由不下单购买产品呢？

所以，我的课程，一般会从"如何营造活动现场的气氛"开始。

7.1 "致命"的开场一击

我们线下旅游营销活动突出一种现场参与感，因此最重要的就是会场气氛。

通俗来说，线下旅游营销就是用开会的方式销售我们的旅游产品，对于旅行社而言，目标客户就是团队旅游的游客。在我们目标客户一致的前提下，组织一场线下旅游营销活动，单人利润最大化的旅游产品，往往是我们的第一选择。

于是，围绕着那些利润较高的产品，我们看看应该为高端游客群体选择什么样的出境线路？

很多业内人士预测，在"新冠疫情"退却后，最先恢复出境游的目的地应该是日韩或东南亚、欧洲、澳洲。届时，针对这些线路的主要消费人群，我们要制造什么样的营销活动氛围呢？专业、温馨、真诚、热烈、愉悦，可以说，这些恰当的消费氛围都不错，无论游客最终是否消费，最起码他们都很快乐。这也是我们所要达到的目的，让他们对旅行社品牌产生好感。

为何我们要如此看重气氛呢？

要知道，我们要利用一切可行的手段，在活动现场营造出旅游目的地的氛围，让游客提前体验旅游消费的过程，然后为期待这种美好的场景变为现实而买单。这是一种精神的升华，也是线下旅游营销的本质所在。

所以说，能塑造气氛的人，在线下旅游营销行当一定吃得开，也是旅行社行业重点挖掘的人才。

这样的人才，通常都懂得拿捏气氛，并知道在开场的最短时间内，一把就将气氛推到最高，为整场营销活动奠定良好的基调。

这就涉及一个问题：我们如何在开场环节上发力，能达到事半功倍的效果？

通常，一场线下旅游营销活动在开始之初，需要用"暖场"来营造会场的气氛，特别是在正式讲解之前，我们要用不同的暖场手段，让会场的气氛由冷变热。

在常规做法中，暖场要通过两个部分来带动：第一，大屏幕视频带动；第二，主持人带动。

其中，大屏幕视频可分为两部分进行：第一，旅游目的地的相关产品的视频；第二，旅行社宣传视频。需要注意的是，大屏幕视频暖场不能占用太多时间。由于游客们进入会场的时间不一致，所以我们就要利用这个时间段，把最能吸引眼球、最能打动人心的视频进行循环播放，让大家一进会场就会被播放的视频带入到我们想要的氛围之中。

第一，大屏幕视频带动

针对不同主题的营销活动，我们需要选择相应的视频内容。

在选择旅游目的地相关产品视频时，我们选用的目的地本身要有较高的知名度，最好能让游客看到屏幕就能立刻说出目的地的名字。在视频中，我们尽可能要在最短时间内展示最多的旅游目的地要素，带给游客强烈的视觉冲击感。

以欧洲线路产品营销为例，在大屏幕播放欧洲旅游目的地的暖场视频时，我们可以配合使用大家熟悉的欧洲音乐，比如我国中老年朋友都熟悉的贝多芬、巴赫、舒伯特等名家的作品。这样能够迅速引起客户的共鸣，看着熟悉又遥远的风景，听着经典的曲目，会让现场游客们的感触迅速进入欧洲线路的目的地中。

与旅游目的地相关产品视频交替播放的，是旅行社的宣传视频，毕竟我们的活动属于公众营销，需要展示旅行社的品牌形象，这样更直观地在大家面前树立品牌形象。通过视频中对旅行社全方位和立体化的展示，我们可让大家了解我们的实力和真诚的服务理念，用实景来感染游客，提升游客的信任度。

其中有个细节值得注意：能体现旅行社实力的宣传视频中，不仅要出现员工精神抖擞的形象，最好还要出现忠实游客的美好体验，这样可让参会的人获得更直观的消费带动性感受。因此，我们要重视旅行社宣传视频的制作，让大家从听、看、理解、感受等方面对旅行社有全面的了解，并在营销活动现场产生好感。

第二，主持人带动。

除了大屏幕视频之外，暖场的另一法宝就是我们的主持人。

在整个营销活动中，主持人的作用十分关键。我们能否在活动刚开始，就一把将气氛搞起来，就要看主持人的功底了。

一位优秀的主持人，需要在不同的环节中，运用不同的语言技巧来带动会场的气氛，让所有人始终处于高度集中的兴奋状态。

主持人要充满亲切感，要用幽默轻松的语言带动现场的气氛，在快速拉近自己与游客距离之后，在后续的营销促单环节中，还需要充分利用煽动性的语言，配合演讲师来调动全场的游客情绪，打消游客的顾忌疑虑，有利于会场销售以及促单。

如果有条件，我们可以邀请活动主办地电台或电视台的专业主持人。要知道，这些地方台的主持人，在当地中老年群体中颇有人缘。我们完全可以借势他们的知名度和个人魅力，吸引他们的粉丝群来到会场，甚至可以使用"知名主持人XX带您深度游欧洲"作为活动主题，更加简洁明了。

这样的话，我们的线下旅游营销活动就不只是一次纯粹的产品说明会了，更是一次粉丝见面会。记得2019年，我在老家河北邢台举办过一次线下旅游营销活动，邀请了在我们当地小有名气的电视节目主持人，结果那场活动人气爆棚，成交量非常可观。

当然，我们也可以邀请有旅游职业背景的主持人。他们能够从专业角度把控整场内容，为游客带来更好的旅游活动体验。邀请专业的主持人会更凸显我们活动的专业性。

要想营造活跃美好的氛围，主持人必须要练就扎实的语言与表演功力，会采用诙谐幽默的段子、唱歌、调侃等不同手段，在不同的环节，以不同方法去调动会场气氛。其中，比较常用的手段包括设置问答环节。用一问一答的形式，拉近自己与参会游客的距离，避免因为彼此陌生而导致冷场。

为此，主持人需要从自身和观众两个层面做好准备。

主持人的准备

在自身方面，主持人平时工作中就要有所积淀，培养幽默睿智的气质、健康开朗的外形、充满魅力的语言风格等。

在观众层面，主持人应针对具体的营销活动，充分了解参会者的年龄、背景、性格、爱好等特点，提前选择适宜的主持方式和风格。

在实战中，主持人通常要格外重视以下开场时的两个契机，此时最适合调动会场气氛。如果错过这两个契机，整场活动效果就会大打折扣。

> **开场时的两个契机**
>
> 第一个契机是开场介绍礼品。为表达我们主办方的诚意，我们会强调礼品的丰盛程度，这是主持人吸引参会游客关注自己的绝佳机会。
>
> 第二个契机是主持人和演讲师第一次互动的环节。这个时候，往往是演讲师的首次营销促单环节，主持人需要结合对现场形势的有效观察，并利用对应的语言技巧进行情绪煽动，不仅限于讲故事等技巧。

以上所说的都是暖场活动的意义，旨在为活动营造欢乐的气氛，让参会游客们融入会场的这种氛围当中，为后续的集中营销做好铺垫工作。

7.2 在主题升华中渲染气氛的四个案例

线下旅游营销的会场气氛固然重要，但这不意味着我们可以肆无忌惮地造气氛。

实际上，我们只要把气氛做到恰到好处，就能达到效果最佳。

除了此前提及的"暖场"行动，我们还要利用会议主题渲染气氛。

对于游客而言，促使他们参会的重要因素，就是活动主题，尤其是在没有知名主持人亮相的情况下。

在此，我们有必要先深度剖析一下线下旅游营销的本质。基于对本质的理解，我们就能透彻掌握主题的意义。

首先，线下旅游营销是对旅行社营销模式的一种颠覆。它不仅丰富了传统旅行社的市场渠道，还提高了营业收入。

我们已经明白，旅游是一项需要游客综合体验的人文项目，所包含的元素不仅有出行，还有餐饮、人文、地理、风光等等。如果有一种活动形式，可以将旅行社的品牌形象文化，与旅游产品进行有机融合，让游客在充分享受旅游乐趣的同时，了解旅行社的品牌内涵，进而形成品牌好感。

这种活动形式正是线下旅游营销。要知道，旅行社擅长线下市场开拓和维护，善于借力线下来增强与游客之间的黏性，而线下旅游营销活动创造了一个他们与游客深入沟通的机会。

对于广大旅行社而言，组织线下活动是他们的强项。通过一场线下旅游营销活动的举行，旅行社能够获得可观的成交量，并能够扩大自己在当地的影响力。

当然，旅行社仅凭一己之力，很难完美筹划出高水准的线下旅游营销活动，有必要借助专业团队的力量，合作开展营销活动。

对于专业的线下旅游营销团队而言，合作方的旅游产品和基础客源就是手中所拥有的资源。在此基础上，专业团队需运用自身能力让原本封闭和静坐式的呆板销售焕然一新。

如果旅行社已经有了基础资源支撑，专业团队就可以确保在业绩良好的前提下，加大成团频率并扩大成团规模，从而保证旅行社资金周转便利，盈利规模更大。

从游客角度来看，当身处在温馨、和谐、热烈的会场氛围中，他们容易被激发出冲动购买力，并加深了旅行社品牌印象，为下一次出游时作为首选目标。

可以说，线下旅游营销的本质是营销与演讲的融合，并要以演讲的成功为基础，而要演讲成功，必须明确相关主题。

在明确主题的过程中，我们主要依据市场与游客的特点，选择与游客契合度高的旅游产品，并以此制定主题。或者，我们可以设计公益性质的主题，通过海报和媒体的宣传，尽量吸引相关部门的注意，借此邀请具有公信力的机构和个人到场站台。

明确主题之后，专业团队才能根据主题设计出贯穿活动的流程，并以主题为线索，让整场活动层次鲜明、结构清楚，从而提升游客的参与体验度。

也就是说，专业团队需要在营销活动中升华主题，以此渲染出整场活动的气氛。

首先，通过公开演讲和近距离沟通等形式，专业团队会让游客对旅游产品形成不同的认识与了解。这就是使客户在互动中强化自身需求，并释放消费能力的核心营销行为。

接下来，让我们重点关注核心营销行为。

核心营销行为不仅包括旅游产品的详细介绍，也包括旅游产品带来的实际体验。

毕竟，游客们因为对某一主题的共同喜好而汇聚在一起，并由于彼此的共同喜好形成沟通的基础，让大家容易结伴而行，最终在现场一同下单。

我们将用四个真实案例来呈现升华主题的过程，分别涉及"周年庆""出境游"和"家乡情"。

第一个案例："周年庆"主题的升华过程。

记得我们的专业团队曾策划过一场以"15周年庆"的主题推出。当时，我们以"15周年庆"为核心进行宣传造势，并整理出相应的邀约话术，开展游客邀请工作。

活动当天，参会游客们进入会场之后，立刻被喜庆而热烈的场景所感染。在这种氛围中，我们的整个产品营销流程得以实施。其中，我们要尽最大努力，让参会游客相信我们的旅游产品均为该次活动而特殊制定，而且物超所值。

在那场活动最后的促单环节，现场座位几乎空空如也，原来，大家都在缴费台排队缴费，那场面可用火爆来形容。要知道，在活动开始前，合作旅行社的老总对于我们的营销方式心存疑虑。于是控制了活动规模，仅邀约了150人参会。出乎他意料的是，当时现场有120人报名参团，几乎达到了100%的成交率。

第二个案例："出境游"主题的升华过程。

当时，我们做了一次"冒险"行动：在陕西一座很偏远的县级市，举办了一场以"圆梦欧洲"为主题的出境游产品营销活动。

之所以说冒险，因为这座县级市的消费能力很有限，甚至，这里的银行都没有欧元储备。不过，我们综合分析发现，这种偏远地区虽然不发达，却有一个契机，那就是居民的出国梦想普遍很强烈。

于是，我们和当地一家旅行社沟通。这家旅行社负责人是位"80后"，在旅行社行业从业近七年，经他们接待去欧洲旅游的客人少之又少，更不要说就地组团了。如果能在当地组织成团去欧洲，也是他一直想做的事。所以，我们双方酝酿出了"圆梦欧洲"的主题。

然后，我们和当地一家知名银行沟通合作事宜。在他们看来，这次活动是这座县级市的大事，值得为活动提供赞助，并申请到欧元储备，解决游客兑换欧元的问题。不仅如此，银行行长还亲自到场，为该次活动站台致辞。在活动现场，我们反复强调的就是：欧洲离我们并不遥远，去欧洲旅行根本不是梦，我们完全可以直通欧洲。由此，我们邀约游客100人，当场成了两个团队，共80人。

这，不正是圆梦欧洲么？

所以说，这场活动的主题非常契合游客心理，而且把主题升华得特别到位，即便是在消费力有限的小县城，依然能达到理想的效果。

第三个案例：也是"出境游"主题的升华。

2018年，我们为一家大型旅行社连续筹备了两场活动，主题均为"环游世界第一站"。第一场活动聚焦欧洲游线路；第二场活动聚焦澳洲游线路。该次活动中，旅行社的门店参与度都很高。

我一直认为，这种大型旅行社非常适合组织连续性的主题活动，一来稳固各门店的客源；二来可利用门店渠道扩大活动规模，二者相辅相成。

通过这场活动，这家旅行社锁定了可观的固定客户，很多人在参加完第二场活动后，继续报名其他出境游产品。后来，这家旅行社组织了一次暑期欧洲游主题的活动，所邀约的游客以中年为主。在旅游产品的策划中，大家以"本地最高品质游"的概念进行包装，产品单价设置为14300元，结果，我们在现场一共成交120人，成交金额为118万，堪称一次非常成功的线下旅游营销活动。

第四个案例："家乡情"的主题升华过程。

在河南许昌，我们将一场活动主题设计为"许昌人自己的旅行盛宴"。不得不说，这一主题非常接地气。在活动现场，游客们感受到的是浓浓的家乡气息。

之所以设计这个主题，因为我们前期通过和旅行社的沟通发现，当地人去澳洲旅游时，只能通过散客拼团形式，也就是说，他们需要自己前往机场去寻找领队，到达目的地后临时与其他地方前来的游客组团，始终无法体验从许昌直接成团出发的便利。

于是，我们策划的这个主题就是突出"许昌本地组团"的卖点，无须游客自行前往机场及目的地，确保家乡人能够结伴出行。我们始终认为，东方人普遍有结伴出游的习惯。

记得那是12月份淡季期间，我们的"许昌人自己的旅行盛宴"活动成功组织了两个团队，一共40人。要知道，澳洲线路单价很高，在一家中型的旅行社的年销量只有个位数。然而，我们的这场线下旅游营销活动，仅用一天时间就获客40人。

可见，我们的线下旅游营销活动之所以能突破传统营销，基于主题升华的气氛渲染必不可少。

此外，场景塑造也是营销活动的重要一环。纵观各种类型的线下活动，参会者首先消费的就是场景。尽管我们所提供的旅游产品属于无形产品，呈现出多重差异性，但仍需要一个特定的场景来烘托。关于场景塑造，也是一门艺术。

7.3　看专业人如何塑造场景

在掌握了基于主题升华的气氛渲染之后，我们谈一谈具体的方法论——如何塑造有利于成交的场景？

可以说，活动现场是营销人员和游客们聚会的场地，我们要将其布置得欢乐又和谐，调动起参会游客们在现场下单消费的情绪。同时，活动现场也是营销人员展示产品的平台，也是演讲师和主持人表演的舞台。

我们对活动现场的场景塑造，首先要基于现场布置。在此我们可借鉴传统的会场布置手法，具体来看，我们应根据会议性质、参会人员、产品特征、成本预算等要素，同时照顾参会人群的爱好取向，尽可能获得参会者的整体认同与一致赞扬。

参会游客来到活动会场的门口时，必须要看到醒目的指引标识。

如有可能，我们应在会场内布置成一条易拉宝产品展示长廊，一来为旅行社做形象宣传，突出品牌气势；一来可以营造出现场气氛，把参会游客快速带入到活动场景中。

如果场地允许，我们还可以在场内摆放环绕一周的宣传展架，展架内容主要聚焦旅游目的地和活动主题。会场内，我们要在显眼位置悬挂突出活动主题的条幅，最好也悬挂"以主办单位、赞助单位、合作媒体、供应商的名义预祝大会圆满成功"的条幅。这样不仅可以进行场景造势，还能展示旅行社的自身实力。

到了会议室门口，参会游客应该看到醒目的签到台。当然，在签到台旁边，我们也应该排列放置宣传展架，并在显眼位置摆放宣传资料和礼品，摆放效果应该整齐划一，形成大规模的感觉，从而引起参会游客的关注。

从整个舞台效果看，我们最好采用最新技术的大屏幕当背景，这样能清晰完美地展示旅游目的地的景色。如果是200人以上的会议，我们的大屏幕长度则不能少于4米。如果太小的话，画面就失去了冲击力，很难在短时间吸引游客的眼球。在主舞台及其附近，我们一定要留出宽敞的空间，为演讲师的走动和互动提供足够的场地。通常，缴费台也会设置在主舞台附近，并为参会游客们留出足够大的空间来交费。

在此，我们要特别注意出境游产品主题活动的会场布置，因为我们主要营销的是出境游产品，因此我们的会场布置一定要高端、大气、上档次。这样不仅可以让游客感到自己很受重视，也方便他们更好地进入旅游畅想状态。

我们团队曾在宁夏银川举办过一次欧洲游营销活动。

那次活动，我们营销的是7月欧洲线路产品，并以"宁夏人自己的欧洲团"主题对产品进行包装，成交单价设定在14999元。

这个价格，在暑期欧洲游产品中确实不低。很多旅行社从业者都知道，暑期旅游市场主要以亲子游为主，游客年龄段主要集中在中年。针对中年人群体，我们营造了感恩回馈的场景，围绕着所邀约的游客情况和个人品味，对图片和视频进行精心策划和设计，整场风格采用高端大气的蓝金色调，让游客到场后有一种自己就是VIP的感觉。

为了凸显尊贵，我们把活动人数控制在80人。结果，在邀约到场的80人中，现场下单的就达到40人，直接组成了两支团队。值得一提的是，在这场活动后，影响力依旧未散，我们后续又签单了40人。

可见，布置有利于营销促单的场景，对我们有多么重要，它可以直接影响游客的情绪，勾起游客的欲望，尤其是当我们面对不同的活动主题时，不同场景可以为游客营造出身临其境的感觉！

让我们盘点一下，专业人士塑造场景时会注重哪些细节：

第一，迎宾区。活动会场入口处应该设置醒目的引导牌，最好采用专业提示引导牌。引导牌的外形要正规，并可以长期重复使用。如果会场管理方允许，还可以沿墙壁张贴指示牌。

第二，签到区。签到区一般设置在会场入口处，必须要干净整洁，桌上要铺设台布并摆上提示牌。

第三，礼品互动展示区。礼品互动展示区桌上的产品资料摆放要井然有序，方向设置要便于游客观看。对于要展示的礼品、实物和外包装要进行分类，不要随意摆放在桌上。同时，我们活动礼品也要和活动主题契合，比如，我们主推澳洲游产品时，就要准备考拉公仔、袋鼠公仔、羊驼公仔、羊绒被和驼毯被等具有澳洲特色的礼品。

第四，缴费台。我们已经知道，缴费台要布置在主舞台附近。一方面，这个区域足够醒目，可以让游客随时关注；一方面，在营销促单的时候，游客可以和主讲人互动，主持人也能随时向现场通报成交人数，让游客感觉产品很抢手，空余名额不多。另外，旅行社的财务人员一定要到位，因为随时会有游客进行现场缴费。

第五，奖品区。奖品区必须设立在主舞台旁边，并形成视觉效果，吸引游客。奖品的摆放也很关键，摆放地点一定要选在全场最容易被关注的地方，最好在主舞台前侧。奖品数量一定要足够多，只有大量奖品堆叠，才能让游客第一眼看到就迅速产生视觉和心理上的冲击。

于是，游客们无比坚信一点：只要在现场互动，就有可能获得精美奖品，并且一定要等"一等奖抽奖"之后才能离开。如此布置，可以保证参会游客不会轻易离场，以至于中途冷场。

毫无疑问，奖品区的场景布置，是为抽奖环节服务的。

在此我们要特别强调，如何在抽奖环节做足气氛。

抽奖环节是旅行社吸引游客和回馈游客的一种互动形式。尤其是价值高的一等奖，可以体现旅行社对游客的诚意。在一场线下旅游营销活动中，抽奖环节是高潮部分。

因此，我们在活动前期进行宣传邀约的时候，就要用高价值奖品吸引游客，毕竟很多人都有渴望中奖的心理，很有可能为了这个奖来参加活动，并对活动充满期待。

另外，抽奖环节本身也是线下旅游营销的重要组成部分，有助于调节现场节奏，在充分调动游客积极性的同时，让大家持续关注相关活动。

总而言之，我们不惜精力来塑造场景、升华主题，为的是营造活动会场的气氛，终极目标是营销破冰。只要能把营销内容播撒到参会游客心中，现场报名的概率就会增大。

不知你是否发现，上述各种琐碎之工作，不是一两个人就能完成，需要一支可靠的团队，尤其涉及如何执行、如何配合、如何落地等方面工作时，这支团队应呈现出强大的聚合力。

7.4 团队合作，如何构建得天衣无缝？

"纸上谈兵"的故事，想必你一定不陌生。这个故事所要反映的道理不复杂：要成为真正的高手，绝不能只说不做。

就拿线下旅游营销来说，如果我们想要成为高手，读过上述原理和方法论之后，就必须尽快操练起来。这时你会发现，要将上述原理和方法论落地，我们离不开高度配合的团队力量。

一场成功的线下旅游营销，不可能仅凭现场某人的灵光乍现，也不可能仅凭某人的英雄主义发威，而要依靠团队每位成员对每个步骤的精心准备和打磨。

如果缺乏有效的团队配合，我们的线下旅游营销活动很容易变成主持人或演讲师个人负责的产品说明会；如果缺乏有效的团队配合，我们就没有足够协作的可能，也就无法营造热烈的现场氛围，让参会游客难以深切感知旅游产品的优势。

可以说，专业团队的娴熟配合，会始终让参会游客们保持亢奋情绪，为成交打下基础，其中，协调好整场活动各个环节中的细节，协调好整场活动的内容和责任人，是保证整体效果的重中之重。

在此，我们要明确三个大问题，分别是：

活动现场的团队角色、活动现场的站位配合、活动现场的流程配合。

首先，我们来明确活动现场的团队角色。

通常，线下旅游营销的专业团队角色包括主持人、演讲师、旅行社代表、前台签到和领位人员、分区工作人员、灯光音响师和准客户。

说到这，你可能会有所疑惑："准客户"是谁？为何会成为专业团队角色？

> **"准客户"是谁？**
>
> "准客户"也称"种子客户"。在一场线下旅游营销活动中，我们有很多前期造势的准备工作。在准备工作进行中，有参会游客开始咨询并准备报名了，如此便成了旅行社的准客户。于是，旅行社需要邀请这些准备参团的准客户到场，鼓励他们在现场下单，从而起到现场带动作用。

理想状态下，准客户的占比应该达到10%，才能保证整场活动的营销效果。

在我们对专业团队的配合要求中，站位配合特别重要。站位看似简单，实则不然。由于团队人员众多，整个活动时间紧凑，在现场气氛的快速切换中，大家难免出现情绪波动，很容易因为某一个人的微小失误而引发"蝴蝶效应"，最终影响整个团队的努力成果。

通常，在营销活动还未正式开始之前，所有的团队成员应统一着装，按照既定分工，分别站在涉及活动的停车场、大门口、电梯口等主要入口处，来迎接参会游客。这样做，既可以确保参会客户快速进入会场，又能展示出团队的团结、专业、热情和周到服务。

在营销活动开始之后，当主持人在台上展开互动，台下的团队成员也要积极参与其中，并带动参会游客一起参与。当演讲师开始讲解旅游产品时，台下的团队成员切忌来回走动。即便有机动人员负责会场协调工作，也不能在主舞台前面或中央位置走动，应尽量选择会场两侧或者后部走动。

当营销活动进入营销促单阶段，团队成员应该在会场不同位置就位，按照事先计划的负责区域，对参与游客进行服务。这样，我们就能确保参与游客随时能够咨询专业人员，让疑问得到解答，也为后续的促单成交环节扫清障碍。

值得注意的是，我们应该在会场两条主角线的四个点，各安排1至2人驻守。当营销活动进入互动环节后，演讲师要和台下游客进行积极互动并发放礼物。这时候，驻守人员应及时到位，帮助传递话筒，并用最短的时间把奖品送到游客手中。在营销促单环节中，上述四个点位的驻守人员需及时发现有疑问的游客，并在第一时间作答疑工作。

可见，无论处于任何环节，我们活动现场的团队人员，都应该遵循精心设计与布置的方案程序，力求达到最佳行动状态。只有这样，我们的团队才能有效配合，发挥出最大威力。

另外，流程配合也很重要。流程配合主要涉及营销活动举行期间的各流程的顺利推进，对此，我们应该在团队中选择合适的人来担任"主角"，其他人则应予以有效辅助。这样，我们可以确保每个环节都顺利进行，并能持续吸引游客注意力。

具体来看，我们将以下环节的工作做到位，就能实现流程配合：

第一，开场。在开场环节，我们可以邀请舞蹈演员，或团队中有舞蹈基础的人，为参会游客表演节奏欢快的舞蹈，借此点燃大家的情绪，让活动在开场就拥有热烈的气氛。

第二，主持人登场。主持人登场后，要用语言来延续开场环节的欢快气氛，确保参会游客能一直沉浸于此。

第三，展示奖品。在简要介绍活动内容之后，主持人要将我们准备的奖品进行展示，其他工作人员会配合展示，让参会游客心生中奖欲望。

第四，嘉宾登台。在主持人介绍下，有公信力的神秘嘉宾，会在工作人员陪同下登台。神秘嘉宾一般是有知名度和影响力的公众人物，会诱发活动的第一波高潮。

第五，预热抽奖（二、三等奖及纪念奖）。预热抽奖可以让参会游客持续保持兴奋情绪。

第六，演讲师进行旅游产品讲解。这时，1至2名工作人员会配合演讲师，在台下为参与问答的人发放礼品，其余人员则负责维持秩序。

第七，营销促单。在此环节，旅行社代表要配合演讲师和主持人，一起促单。这时，工作人员会在台下进行一对一交流，合力推进促单。

第八，抽奖（一等奖）。这是整场活动的最高潮。

第九，发放礼品，活动结束。

以上所说的是常规营销活动的流程配合，对于具体主题的活动，我们还要把握好节奏，只有把每一个细节都做到极致，才有可能看到成功的曙光，然后，获得订单就是水到渠成之事。

当然，天衣无缝的团队合力，并不能在短时间内速成。对于旅行社老总而言，日常工作中的团队文化建设同样至关重要。

可以说，所有参与线下旅游营销活动的人，都属于营销人员。从事营销工作的人都知道，强大的营销能力并非来源于一时的激情，因为一时的激情太短暂，无法成就长远的事业。

很多行业的营销人员无法长久保持热情，导致人员流动性过大，团队合力始终无法形成。盖洛普咨询公司曾做过这样一个统计：在企业营销人员队伍里，每10个人中，就有5个人经常处于闲散放松状态，这就给营销工作带来了巨大阻力。

只有每个人都保持长久的热情，整支团队的能力才有充分保证。

对于线下旅游营销活动而言，专业团队应该如何激发并保持自身的热情呢？

团队负责人必须意识到一个问题：某位成员热情不足，往往不是个人原因作祟。即便你采取谈心、调整岗位等方案，也无法保证此人的热情能重新被唤醒。此时，团队负责人必须要在工作细节上进行引导与改变。

我们不得不承认，错误的管理方法，是团队热情最大的毁灭性因素。只要稍加观察就能发现，每位成绩不佳的成员，都曾遭遇过一系列不安的场景，比如缺乏正面鼓励、感受不到荣誉，再比如经常受到苛刻的批评、得不到认同感等。

原来，很多负责人在平时只想听工作业绩报告，不想进行指导，在验收各种繁文缛节的文件中，从未给人真正的信任……这些事情在团队负责人眼中或许只是小事，但经日积月累之后，很可能成为压垮团队精神的稻草。正是这些让人忽略的细节，最终夺走了团队的热情。

因此，想要建立团队热情，我们必须先解决细节中的管理问题，从根源上激发每个人的潜力。

对于线下旅游营销活动，我们的专业团队应该是一支紧密合作的团队，负责人需要通过无微不至的关怀，为每个人创造和谐宽松的工作环境。

事实上，线下旅游营销活动最重要的促单手段，就是让每位参会游客都时刻处于温馨和谐的氛围中，体会着人与人之间真诚的支持、鼓励与呵护。然而，如果专业团队内部缺乏这些因素，又如何将此正能量传递给游客呢？所以，团队负责人要给大家真诚的关爱，让大家感受到自己和团队之间不只是共事关系，还是朋友和亲人关系。

我认为，负责人不应该终日强调成员们要做出多大贡献，而要在生活和工作上给予必要关心，比如叮嘱大家注意安全，提倡劳逸结合，确保身心健康，还可以组织大家参加拓展训练、娱乐活动或者集体旅游……这样，团队成员们会心存感激，并因此提高工作积极性，对集体的依赖与忠诚度也逐步提升。

在实际工作中，营销人员从新人成长为高手的过程，必然会面对一系列成长的烦恼，遇到各种各样的问题。身为团队负责人，我们决不能简单地下达任务和发布目标，而要随时保持和大家交心，采取各种形式和大家一起思考营销中的难题，尝试提出不同视角的解决方案。另外，团队负责人还应放下架子，多思考、多提问，随时随地组织大家讨论，必要时开展头脑风暴来解决问题、扩充思路。

当然，团队负责人对大家的热心培养与呵护，最终要落实到精神与物质两大层面。

在精神层面上，团队负责人应对大家表现出足够的信心和鼓励，即便有人业绩暂时不佳，也不应随意公开批评，而要首先给予安慰，然后共同寻找原因。这样的管理态度，相比单纯的批评与处罚，会更有效地激发大家的工作热情。对于那些表现出色的成员，则更不应吝惜自己的赞美之词。

在物质层面上，优秀的团队会用好待遇来吸引出色的人才。正所谓"良禽择木而栖"，我们的专业团队必须有适当的工资、保险、培训等福利，满足大家最基本的生活与发展需求，然后再根据个人的实际工作表现决定其奖励、提成和职位晋升。只要我们曾做出与待遇相关的承诺，就应该及时兑现，否则很容易导致大家对团队激励机制产生质疑，进而失去热情。

其实，在团队建立初期，成员们大都充满热情，但工作一段时间后，就容易因为对业务流程的熟悉而失去新鲜感，自认为无所进取，进而失去热情。此时，团队负责人可以采取适当调整岗位的手段，让他们进一步开阔眼界，提高认知。

适当的岗位调整手段包括营销岗位任务的改变、小组内部人员的调动、营销组织结构的变动、客户的更换、产品的更换等等。通过这样的调整，我们尽可能满足团队成员追求新鲜感的心理，从而重新点燃他们的希望之火。

第八章

演讲师，困境中的稻草

"凡事就怕认真。"

这是我以前刚入行时，我的前辈对我说的话。我们始终相信，旅行社从业者，从老总到副总，从部门经理到前台销售，大家都有一股子韧劲儿，愿意和困难死磕。不过，当我们发现了一条新的捷径——线下旅游营销，就可以向往日艰难的传统获客方式挥手再见，继而用轻松的心态迎接新型获客方式。

基于此前对线下旅游营销的理解，我们可知，在一场场气氛热烈的营销活动中，旅行社可获得数倍于平日的订单。要组织这样一场营销活动，必然离不开专业团队天衣无缝的合力。另外，我们还离不开线下旅游营销的灵魂人物——演讲师。

一名优秀的演讲师，是营销活动高潮的主推手，可以大幅度提高现场成交率，从而让旅行社实现名利双收，堪称"困境中的稻草"。演讲师的主要手段是什么呢？就是"演讲+营销"。

其中，演讲是基础，营销是目的。这种为了推广和销售某个产品或者某种服务去做的演讲，我们也可称之为"营销演讲"。

那么，营销演讲应该怎么讲？演讲师应该怎么做呢？

我们先从演讲说起。演讲，指在公众场合，以有声语言为主；以体态语言为辅，针对某个具体问题，鲜明、完整地发表自己的见解和主张，阐明事理或抒发情感，进而宣传鼓动。这是一种语言交际行为。所谓"演讲",就是会"讲"善"演"。

营销演讲亦不例外。能够做好营销演讲的演讲师,必要练就一身扎实的演讲功底。具体来说,这等同于"过五关、展六将"。

8.1 谁能"过五关"?谁会"展六将"?

你没有看错,我也没有写错,的确是"过五关、展六将",而不是"过五关、斩六将"。

看过《三国演义》的朋友对"过五关、斩六将"的故事并不陌生。不过,我们这里所说的"过五关、展六将",并不是让你真正去打败谁、征服谁,而是在营销演讲中,顺利跨越自己的五道关卡,并成功展示自己的六员大将。

首先,我们来看这五道需要跨越的关卡,分别是形象关、状态关、胆识关、内容关、实战关。且让我们一一了解。

第一,形象关。

我始终相信一句话:"没有人会透过你邋遢的外表,发现你内在高贵的灵魂。"有人天生丽质,有人相貌平平,不管我们属于哪一类人,都必须保证自身的精致。我们所说的精致并不是穿一身名牌,戴一身珠宝,而是一种人生态度,主要体现在对自己、对别人的尊重程度上。

第二,状态关。

此处的"状态"是信心的传递,磁场的转化,能量的转移。我们常说,要多和正能量的人在一起,这样就能保持生活中充满阳光。即便遇到不顺心的事,也能在短时间化解。若是身边存在负能量的人,对我们的日常生活则会带来很多不利影响。

这让我想起了一件事：有一年夏天我前往北欧，一路上景色非常怡人，但旅行团中却发生了一些不愉快的事。这支旅行团里既有60岁以上的老人，也有20多岁的年轻人。这些老年人喜欢在大巴车上占座，便于自己在一路行程中有固定位置，而年轻人则喜欢随意坐，他们认为：谁先上车，谁就有挑选位置的权利。

这就引发了矛盾和混乱，老年人和年轻人各执一词，场面一度混乱，导游根本无法控制。随后，团队中蔓延出一股子负能量，老年人开始埋怨导游不懂得妥善安排，这让每个人都无心游览美景。

这件事并没有谁对谁错，只是不同年龄段的人对于事物理解和表达方式不一样，只要有人能豁达一些，往好的方面想，就能消除负能量。

于是，我肩负起了化解负能量的重任。

首先，我当着大家的面，向导游说了这样一番话："您这几天确实很辛苦，尤其是在这人生地不熟的地方，安排我们这些人的吃住玩，所以我特别能理解您。其实我听到有老年朋友说，并不是一定为了在车上占前面的位置，而是自己行动慢，坐在后面上下车慢，耽误大家时间。"

当老人们看到有人在为自己的行为寻找理由，也就顺势表达了歉意。随后，大家达成统一意见，老年人坐大巴车前面，年轻人坐后面，如有晕车等特殊情况再调换。于是，旅行团的矛盾化解了，正能量又回来了。

这说明什么呢？是不是当我们自身保持一股正能量的时候，就会消除别人的猜疑与不安？当我们过了状态关，营销演讲也就充满了诚意。

第三，胆识关。

都说当代人有三怕——怕高、怕火、怕上台。前两怕都好理解，关键就是最后一怕。的确，很多人都和我说，一上台讲话就紧张，不知所措。这就是胆子不够大。

要过这一关，我们只能练胆，在日常工作中不要胆怯，努力大声对话，把握一切上台讲话的机会，不要过分在意别人如何评价。曾有研究行为心理学的专家说过，人在经历过50次的上台演讲后，就会克服紧张和恐惧的问题了。

第四，内容关。

在营销演讲中，演讲师说的每一句话都不能是废话，一定要带有营销目的，因此，我们的演讲稿不是写出来的，而是设计出来的。至于该如何设计呢？我们可按照"三级五步"的策略进行。

什么是"三级五步"？通俗来说，"三级"指谋篇布局、埋雷布线、情感造势，"五步"则是开端的问候、自己的故事、产品的故事、产品的见证、成交的方案。以上，构成了演讲师一篇完美的演讲稿。

至于这"三级五步"的具体做法，我们将在后续章节中呈现。

第五，实战关。

通俗来说，通过实战关的最有效办法就是学以致用。我们所说的形象关、状态关、胆识关、内容关，均为实战关之基础。

俗话说"知己知彼，方能百战百胜"，营销演讲也不例外。可能很多人都看过乔布斯或比尔·盖茨的演讲，他们都属于典型的商业演讲，主要是为品牌和产品作宣传，通过对产品的细腻描述和对未来趋势的独到判断来吸引人，当然，还有他们的人格魅力。如果你细细聆听他们的演讲就会发现，他们脉络清晰，主题明确，并不会选用复杂、深奥的词句，可见，他们是做好了充分准备的基础上，经过了大量实战演练。

说罢"过五关"后，我们再谈"展六将"。我们要成功展示的六员大将，构成了营销演讲的灵魂、核心、基础、方向、保证、前提，且让我们一一分析。

第一，演讲的灵魂——德。

这里所说的"德"指道德和素质。也就是说，演讲师的话要可靠可信，不能胡乱编造，所以我们必须要有道德底线。孔子曾曰："有言者不必有德，有德者必有言。"你会发现，很多世界知名人物，如英国的丘吉尔，每逢他们有演讲，总是吸引大规模的人一起行动，这是人格魅力所在，其背后就是德的力量。

第二，演讲的核心——才。

不难理解，我们所做的是旅游方面的营销演讲，必须要上知天文，下知地理，虽不见得通，但多少要了解，绝不能一问三不知。

第三，演讲的基础——学。

演讲师要持续不断地学习，坚持终身学习，尤其要学习演讲和销售技巧，毕竟演讲和销售能力都不是天生的。这犹如学游泳一样，当我们站在岸上观看，总感觉游泳的动作很简单，自己也能做，但真正到了水里，难免心生慌乱和惊恐，但没办法，只有在水里，才能真正学会游泳。同样，只有不断实践，才能让自己成为营销演讲队伍中的高手。

第四，演讲的方向——识。

这里所说的"识"，包含着胆识和见识。对于任何事物，演讲师要有见地、有见解、有观点、有态度，决不能人云亦云。

第五，演讲的保证——情。

人都有感情，只要能够点燃他们的感情，我们的营销演讲就有了成功的保证。其中，演讲师首先要感动自己，这正是"感人心者莫先乎于情"。如果连自己都感动不了，何谈感动别人呢？这一员大将，通常在线下旅游营销的促单环节登场。

第六，演讲的前提——体。

这第六员大将，指我们自身的体魄。毋庸置疑，健康的身体是成就事业的前提，毕竟我们不是霍金，不是张海迪，没有像他们一样出众的才华和心智，可以在身残的情况下取得成功。因此，我们必须有一个强健的体魄，这也是优秀演讲师的必备条件。

能够"过五关、展六将"，这位演讲师就可以登台演讲了。最后我们还要提示一点：登台演讲和背诵演讲稿有什么区别？其实区别很大。这如同我们看电视剧一样，同一场戏，同一套台词，专业演员和普通人讲出来的效果肯定不一样。原因很简单，普通人只是在讲台词，而演员则用表演成分在融入台词，如面部表情和肢体语言等等。营销演讲虽不用表演，但也是以讲为主，以演为辅，若演不好，讲得再好也无济于事。

至于在舞台上怎么"演"，是困惑很多人的问题，毕竟我们不像专业演员那样有着丰富的表演经验。不过，演讲师一定要有充足的舞台经验，这就是我们接下来要讨论的话题。

8.2 挑战大舞台

很多人之所以对演讲心生恐惧，主要是怕当众出丑，变成别人茶余饭后的笑料谈资，因为台下有几百甚至几千双眼睛在盯着自己。

要想避免这种情况，我们就要树立一套标准的做法，让我们在舞台上呈现出最佳状态。即使还未开口，也能让人感觉专业的气场，这就涉及我们在舞台上的站位、站姿、服装、妆容、音量、表情等方面的准备。

第一，我们要确定站位。

相信很多人在上台后，都会对站在舞台的什么位置纠结不定。有人说应该站在舞台中央，有人说应该站在舞台的黄金分割点上，其实，站在舞台的什么位置取决于自己的角色。如果是一场晚会的主持人，最好不要站在舞台的正中央，而要站在舞台的黄金分割点，也就是距离自己出场最近的那个点位，因为我们的身份不是演员，而是整台晚会的节目与节目的衔接者，是整个晚会现场气氛的调动者。

另外，站在黄金分割点上，主持人上下台可以更迅速，把更多时间留给表演者。但，这仅限于开场问候之时。

最初上台向大家问好之时，以及简单做主题介绍之时，演讲师是舞台的主角，所以要站在舞台中央，以便吸引台下参会游客的注意。当我们进入产品介绍阶段之时，整场活动主角变成了旅游产品，而演讲师成了配角，所以一定是站在舞台两侧，最好是黄金分割点再靠外侧一些。因为，随着精彩的产品PPT不断变换，台下人们的注意力会随之转移，这个时候演讲师决不能站在舞台中间，要主动让开中间位置，方便大家透彻了解旅游产品，借由演讲师的精彩介绍充分发挥想象力。

第二，我们再说站姿。

我国有句俗话"站有站相，坐有坐相"，不论是演讲师还是主持人，只要站在舞台上，就不能为所欲为。很多人登台后站得歪歪斜斜，给人以无精打采的感觉，即便站直，也会左右摇晃，不停地变换重心，或频繁踱步，有人甚至还会有抖腿、抓耳挠腮等小动作，这都属于不良站姿，都是舞台上的大忌！

在舞台上，男士和女士的常见站姿各有四种。女士分别为：自然式、端放前进式、抓放前进式、立正式（如图8-1）。

图8-1 女士常见站姿

男士的常见站姿分别为：自然式、前进式、立正式、稍息式（如图8-2）。

图8-2 男士常见站姿

针对线下旅游营销的演讲师而言，最适合采用自然式，因为营销演讲不同于普通演讲，包含有相当大的销售成分。在舞台上，演讲师一方面要推荐旅游产品，一方面要调动现场气氛，让参会游客互动起来。这样的话，用另外三种站姿做营销演讲，难免让人感到压力，甚至冷场。

第三，我们再看服装。

正所谓"人靠衣装马靠鞍"，服装穿对了，人的整体气质和气场就会有明显的提升。那么，该如何判断服装是否穿对了呢？我们可从"四个协调"来衡量，分别是：与体态协调、与内容协调、与观众协调、与身份协调。

首先，我们的服装要与体态协调。

这要求演讲师在选择服装时，必须有整体美感，不能为了凸显个别部位的美而破坏了整体形象，并使之与自己的身材协调。比如，丰腴的人就不宜穿过紧的衣服，否则会有强烈的紧包感，让人感觉透不过气；纤细的人则适合穿横条纹的服装，可让自己显得丰满；矮胖的人适合穿着竖条纹的服装，可显得苗条。

其次，我们的服装要与内容协调。

我们力求使自己的服装与活动主题内容相协调；与我们要表达的思想感情一致。要知道，颜色经常给人很敏感的触动，不同颜色所表达的寓意也不相同，并已在人们的思维中形成了较为牢固的观念。比如，深色会给人深沉、庄重之感；浅色会让人觉得清爽舒服。在具体的颜色中，白色让人感到纯洁，蓝色使人感到恬静，红色和黄色则使人感到喜庆、愉快。如果我们演讲的内容严肃且郑重，穿深色服装比较合适；如果演讲的内容欢快喜悦，穿浅色和鲜艳的服装会更好。

再次，我们的服装要与观众协调。

演讲师的服饰款式与色彩，一定要与活动现场气氛相和谐，并与季节相符合，更要与广大参会游客品位相协调。因此，我们不可穿得过于华丽时髦，那样会分散大家的注意力，或引起非议，破坏活动气氛。比如，一位女演讲师的服装太奢侈华美了，会给台下游客一种贵夫人的感觉，从而对其专业度产生怀疑。当然，我们的服装选择也不能太休闲，会显得不尊重参会游客，让人感觉自己不重视活动。

最后，我们的服装要与身份协调。

服装本身就有扬美与遮丑的功能，可以反映人的精神风貌、文化素质和审美观念。因此，演讲师的服装应该典雅美观、整洁合身、庄重大方、色彩和谐、轻便协调。具体来说，我们在选择服装时力求做到外表整齐、干净、美观，并与自己性别、年龄、职业等协调，充分体现出自己的特点与气质。

> **演讲服装和打扮的八个注意事项**
>
> 1. 不要穿短裤、背心、短裙上台演讲；
> 2. 不要穿大衣演讲；
> 3. 室内不要戴围巾演讲；
> 4. 一般情况下不要戴帽子演讲；
> 5. 不要戴有色或变色眼镜演讲；
> 6. 不要戴手套演讲；
> 7. 不能穿拖鞋、凉鞋上台；
> 8. 不要背小挎包上台。

第四，我们紧接着来简单聊聊妆容。

适宜的妆容，会为我们的形象带来高分，因此，我们的妆容一定不能有悖于年龄和身份。对于演讲师而言，我们的妆容要尽量淡雅一些，避免浓妆。

第五，我们再谈谈演讲时的音量。

演讲师在营销演讲中的音量，要大小适中，过大音量会让整个会场特别聒噪，容易让参会游客滋生暴躁情绪；过小的音量则不能覆盖全场，压不住台下的嘈杂声，直接影响成交。那么，音量大小该如何掌握呢？这里有一个技巧：演讲音量比自己平时的说话声音要大一点，比平时喊话的音量小一点。这样，台下的人听着最舒服，自己也不会特别疲惫。在平时，我们多练习发声，尤其学会使用丹田气。

第六，我们来关注演讲时的表情。

营销演讲是一个高度统一的过程，首先是全身的统一协调，包括头、眼、身、法、步，不能在头转向左边时，眼睛却盯着右边看；不能手指脚下却眼看天。

此外，我们的面部表情要和讲解内容统一，当我们在讲一件特别高兴的事情时，脸上决不能面无表情。

总之，当演讲师站在台上，要让参会游客心甘情愿地听讲，凭自己的气场，让大家感同身受，直至成交。

可见，演讲师并不好当，毕竟他们要肩负着旅行社的业绩重任。

8.3　营销演讲，如何"一针见血"？

我总认为，营销演讲作为演讲的一种类型，技术含量最高，意义最大。因为营销演讲要在有限的时间内，去尽可能说服更多人。可以说，高水平的演讲师，一定是营销能力卓越的人。

实际上，营销演讲需要以台下参会游客的需求为导向，实现以讲促销，对演讲师的需求并不在于是否能讲，而在于是否会讲。

顾名思义，营销演讲是为了推广销售某个产品或其种服务而做的演讲，所以我们衡量演讲效果的标准，是台下的人是否了解到产品的优质之处，是否诱发了他们购买和尝试的欲望。

在线下旅游营销活动中，我们的目标客户是参会游客。其实，他们不是一无所知，在参会之前，他们对主题内容已经有所了解，甚至，有部分人对旅游产品理念以及所属的行业情况非常了解。当然，也有部分人对产品并不感兴趣，只是来现场凑热闹，并不打算购买。

于是，演讲师的演讲内容要因人而异。如果一味按照自己的节奏介绍产品或服务，难免让一部分人心生反感，从而在现场引发"负能量"。

实际上，演讲师讲了什么并不重要，重要的是参会游客记住了多少，如果我们从对方的角度出发，多讲对方感兴趣的事，便于他们在自己感兴趣的话题中发现产品信息，以至于听后也不会忘记。

要知道，一个人讲话越多，可能出现的漏洞也就越多，台下观众更有可能提出反对意见，让大家产生一种"王婆卖瓜，自卖自夸"的感觉。如果在现场让台下观众适当表达观点，演讲师再针对发言者的需求推荐旅游产品或服务，效果就会好很多。此外，现场观众说得越多，整场营销人员就能越能了解他们的心理，对后续集中营销进行提前设计。

总体来说，在营销演讲时，我们一定要牢记以下几个要点：

第一，让现场保持缓慢的节奏，不要让过快的语速带给台下观众压力，让人产生心理负担。当人心生不快，通常最多能听进三句话，不论你后面讲什么精彩内容，他们也不会关注，因为他们的思维早已不和你在一个节奏上。因此，有营销演讲经验的人，会频繁向现场观众提问，让他们用解答的方式来关注自己，并透露其内心真实需求。

第二，认真倾听。优秀的演讲师，一定是懂得倾听的人，因为这是与客户建立信任关系的基础。想想看，在营销工作中，当客户说话时，我们难道不需要认真倾听么？倾听，除了彰显对客户的尊重之外，还能从客户的声调和面部表情中来探究其真实的内心想法，从而更好地判断其真实态度和情绪。用这种方式来做演讲，是把演讲转化为真正交易的关键。

第三，把握真正有需求的人。有营销工作经验的朋友都知道，很多人经常犯一个问题：搞错了目标，明明有人根本不想购买，可营销人员错误地把他当成了目标，错过了真正的购买者。想要锁定真正有需求的人，这里有一个最佳测试问题："如果给您一个满意价格，您会在多长的时间内做出购买决定？"通常，真正有需求的人会在短时间给出答案，而那些并没有购买需求的人，一定会闪烁其词。

第四，懂得面对拒绝。这是每一位演讲师和营销人员都该想明白的问题：如何来应对拒绝呢？

最重要的是，我们要学会合理推断对方的拒绝理由，甚至在对方说出这个理由之前，就要想好应对话术。

总之，**我们要多讲别人想听的内容，少讲自己想说的内容。**

有一位世界知名的演讲大师曾说："当我准备发言时，总会花三分之二的时间考虑观众想听什么，而只用三分之一的时间考虑我想说什么。"其实，任何一种演讲，其成功关键都在于观众对演讲内容的接受度，因为他们才是整个场合的中心。

在此，我们将用一个经典的故事说明：什么是别人想听的内容，什么是自己想说的内容。

有一位老夫人去买菜，路过四个水果摊。四个水果摊售卖的苹果品质相近，但老夫人并没有在最先经过的第一家和第二家购买，而是在第三家买了一斤苹果，在最后经过的第四家买了两斤苹果和三斤橘子。这是为什么呢？我们且看这四位摊主都说了什么。

先看第一位摊主。

老夫人最先经过第一家水果摊，问摊主："这苹果怎么样啊？"摊主立刻回答："我的苹果特别好吃，又大又甜！"结果老夫人摇摇头走开了。

这位摊主，是典型的王婆，自卖苹果，自定香甜。这就是他最想说的话，全然不顾老夫人的真实需求。

再看第二位摊主。

老夫人经过第二个水果摊，问摊主："你的苹果什么口味？"摊主说："早上刚到的货，还没来得及尝，看这红润的皮，应该很甜。"结果，老夫人二话没说，扭头就走了。

这位摊主诚实有余，但对产品信心不足，既不敢说自己想说的，也没找到对方想听的内容。其实，营销人员应该是自信从容的产品代言人，要对产品有亲身体验，能准确说出真实详细的感受，这才构成卖点。如果营销人员自己都对产品模棱两可，客户更不会放心，只能扭头就走。

再看第三位摊主。

第三位摊主见状，主动问道："老夫人，您要什么苹果，我这里的种类很全哦。"老夫人说："我想买酸一点的苹果。"

摊主立刻说："这种苹果口感比较酸，请问您要多少斤？"

老夫人说："那就来一斤尝尝吧。"

相比前两位摊主，第三位摊主有了明显优势。首先，他会用询问的方式来发现客户需求，进行了营销中最有效的一步，并成功引导对方透露了一点自己的需求。不过，这位摊主没有深挖客户的背后动机，属于让客户自主购买，并没有用营销手段将利益最大化。

让我们再看看最后一位摊主是怎么做的。

当老夫人看到最后一个水果摊，便上前询问："你的苹果怎么样啊？"

摊主说："我的苹果很不错，请问您想要什么口味的苹果呢？"

老夫人说："我想要酸一些的苹果。"

摊主说："好的，没问题。不过，一般人买苹果都是要甜的，您为什么要酸苹果呢？"

老夫人说："儿媳妇怀孕了，想吃点酸的苹果。"

摊主说："您对儿媳妇真体贴。看您儿媳妇喜欢酸苹果，肯定能给您生一个大胖孙子。您知道吗，几个月前，附近也有两家怀孕的女士来我这里买苹果，最后都生了儿子。您看您想要多少斤？"

老夫人："我先买两斤吧。"

摊主一边装苹果，一边紧接着说："这橘子也适合孕妇吃，不仅酸酸的，还有多种维生素，特别有营养，您的儿媳妇肯定爱吃。"

老夫人说："是嘛！那好，再给我三斤橘子吧。"

摊主竖起大拇指说:"您人真好,媳妇儿有您这样的婆婆,真是修来的福气。"

在称赞着老夫人的同时,摊主又介绍了别的水果,以及最便宜的售卖时间,目的是将老夫人发展成固定客户。

老夫人被夸得开心,说:"要是吃得好,让我的朋友也都来买。"然后,她拎着水果,满意地回家了。

这是一个很典型的案例,反映出说别人爱听的话有多么重要。而在,在营销中我们尽量少用"我""我们",多用"您""您们"。

其实,这种讲话方式不仅适用于营销演讲,在日常生活和团队管理中均可应用,可以让我们情商更高。

8.4 知己知彼,唤醒需求

综上所述,在营销演讲中,只有发现参会游客的需求,才能像一艘明确航线的船只,坚定而有力地前行。至于游客需求,可以分为两种:一种是对方主动说出,是显性需求;另一种是对方没有主动说出,甚至他们自己都无法清晰描述,是隐性需求。

对于这些隐性需求,需要演讲师和营销人员采用技巧深度挖掘。

至于该采用什么技巧,我们可通过一个"假设案例"来说明。

假设,有一个人正在参团攀登珠穆朗玛峰,刚要离开营地之时,忽然轰隆一声巨响,发生了严重的雪崩。这时,领队转身对他们说:"遇到这种情况,你们一定会很担心,但是我当领队很多年了,有丰富的经验,上次发生雪崩的时候，我带的队伍是唯一安全撤退的队伍。听我说，咱们要想平安返回，必须要这样做……"

这时，这位领队所说的话，在场的人会不会认真听呢？那一定是非常认真地听，因为他说的话满足了他们最迫切的求生需求。

可见，了解对方的真正需求多么重要。对此，我们应该从以下四个方面入手：

第一，为对方解决问题。

正所谓"透过现象看本质"，对方真正需要的是什么？对方购买动机的背后是为了解决哪些问题？我们一定要围绕对方的问题做文章，千万不要围绕着产品做文章。我们可以将上述两个问题的答案思考出来，并提前印在宣传材料上。在宣传中，让对方与你产生共鸣，进而唤醒他们沉睡的需求。我们一定要记住：永远只给对方想要的，千万不要给他们我想给的。

第二，让对方感觉自己占了便宜。

所有人都不喜欢便宜货，但几乎所有人都喜欢占便宜。这种说法虽不好听，却准确反映了人的一种本能。从古至今，不曾改变。可以说，无论他现在多么的富有，如果你能够满足他占便宜的心理，成交仍然是水到渠成。试想一下，"拼多多"和"美团"等这些电商品牌在2020年后风生水起，都是得益于用户的冲动购物。至于这冲动从何而来，难道不是在团购的优惠中，让人感觉捡了便宜么？

同理，我们的旅游产品，能不能让游客在购买后拥有捡了便宜的感觉？或者说，我们的演讲能不能让大家心生占便宜而购买的冲动？

第三，给对方神秘感。

人们对自己熟知的事物往往缺乏兴致，对新鲜和未知的事物却有着尝试欲望。如果演讲师能把旅游产品包装得具有神秘感，就会勾起人们的好奇心。

第四，帮助对方实现梦想。

每个人心中都有梦想。让我们在此前所说的"为对方解决问题"的基础上更进一步，那就是满足对方对梦想追逐的心理需求。真正的营销演讲高手，总是先找到对方的梦想和渴望，给予追逐路径，由此顺着这条路径提供产品和服务，而不是一味地推销产品。

以上所说的四个方面，均离不开演讲师在演讲中的提问行动。只有通过对方的答案，演讲师才能从中发现需求点。

此外，通过提问，我们还可以引导对方的思考方向。如果你提出的问题具有很高的水准，你也会向大家展现出你的专业能力。

"知己知彼，才能百战不殆。"这句老话我们都不陌生。实际上，我们唤醒参会游客的需求，正是建立在"知己知彼"的基础上。

在线下旅游营销的准备工作中，有一项重要内容，就是透彻掌握参会游客的基本信息。从营销的角度来看，这就是完成客户信息的采集，包括学历、工作、收入水平、消费水平和决策能力等，目的是通过对其了解和深度分析，有针对性地运用营销技巧，促成交易。

参会游客的基本信息可分为两种：描述类信息和行为类信息。所谓"描述类信息"，指一个人的基本属性信息，包括性别、年龄、联系方式、住址、家庭人数、工作情况等。这些信息展示的是个人基础情况，属于静态数据。此类信息大部分比较容易采集，但有一部分信息会涉及个人隐私，比如住所和收入等，比较难采集。对于参会游客的描述类信息，核心要求就是准确。经常有这种情况发生：我们与客户进行交易后，再次回访时却发现所留的电话号码有误，或者无法接通。这是由于营销人员在采集描述类信息的时候，没有进行有效的验证，导致信息失效。

再看"行为类信息"，它是指参会游客的消费习惯、爱好、性格、生活方式、消费水平等。从这些信息中，我们可以分析出他们的潜在需求。就拿爱好来说，有的人喜欢户外运动，有的人喜欢摄影，有的人喜欢历史古建……如果我们的旅游产品能够与这些信息产生交集，就意味着参会游客有购买产品的可能性。

其实，对于参会游客而言，能直接影响其交易行为的主要因素有三个：

1. 学历

通常情况下，一个人的学历越高，综合素质和理解能力就越强，辨别事情真伪的能力也会越强。对于高学历游客，我们要采用言简意赅的表达方式，侧重于数据解读。对于低学历游客，我们就要营造会场气氛，努力提升他们对旅游产品的认可度。

2. 消费水平

消费水平代表一个人的购买能力，除了包含其收入水平外，还暗含他的消费习惯。对于线下旅游营销，后者对我们的意义更大啊，因为我们一旦打动了一位冲动型消费者，他一定会花钱购买。

3. 决策能力

决策能力意味着一个人在对产品满意的前提下，是否自己决定现场购买。我们都知道，在不同家庭中，有的家庭妻子决策能力强，有的家庭丈夫决策能力强。如果我们恰巧遇到决策能力弱的一方，即使我们讲得无懈可击，对方也很难做出购买决定。因此，我们有必要了解这个基本情况。

在我们的实战经验中，演讲师在会前一定要接受沟通培训，主要就是掌握参会游客的信息，有针对性地设计演讲流程，从而达到最佳营销效果。

再次重申一下，营销演讲一定是多讲对方想听的内容，少讲自己想说的内容。于是，演讲师需要提前分析参会游客信息，判断他们想听什么。

最后，演讲师再打出"真诚牌"，就容易与参会游客建立信任关系，让对方获得安全感。

第九章

演讲高手的必备『基因』
——控场

一些年轻的演讲师总会和我抱怨，每一次演讲都做好了充分的准备，可上台没过五分钟，台下就开始有人聊天、打电话，很让人焦急。这一焦急，自己演讲的语速更快了，以至于匆匆讲完后，自己都忘了自己讲了什么？

其实，这属于演讲时的突发状况，毕竟我们面对着数百位活生生的人，大家不可能无条件配合你，总会产生各种突发状况。这就是"计划赶不上变化"。此时，控场能力就显得尤为重要。

所谓"控场能力"，可通俗地理解为控制场面的能力。对于演讲师而言，调动全场情绪、吸引现场注意力、调节现场气氛，可谓控场能力的一种体现。

实际上，不只是演讲中需要控场，但凡涉及人与人的沟通，均需要控场。在我们日常的工作生活中，诸如谈判、汇报、营销、管理等方面，都离不开控场。如果所面对的人和事物超越了自己的能力范畴，就难以掌控局面，进而产生反向压力。

随着反向压力的产生，人的思维能力受到干扰，引发逻辑混乱，结果让局面进一步失控，形成恶性循环。

可以说，我们的控场能力要从一开始就完美展现。在营销演讲中，我们需要自开场就把所有人的注意力吸引过来。

这时，讲一个精彩故事往往是最奏效的方式。

9.1 会讲故事的人

母庸置疑，营销演讲的主要手段就是通过演讲吸引受众目标，进而带动销售。那么，绝大多数人爱听什么呢？

答案是故事。相比大道理与大趋势，人们普遍爱听故事，尤其是扣人心弦的好故事。有演讲经验的人都有这种感触：高水平的演讲师，会让台下的人听得如痴如醉；低水平的演讲师，会让在场的人都昏昏欲睡，这其中除了演讲技巧的运用外，就是对故事的精彩讲述。高水平的演讲师，会把故事讲出画面感，带动大家去身临其境。

讲故事和叙述事件不一样，要想把故事讲得逼真，就必须在某些环节注入大量细节描述。这些细节，会让你的故事更加丰满、更加真实、更加具有画面感，令人感同身受，以至引人入胜。

我们要达到的效果是，参会游客在听故事的时候，头脑中要有看电影一般的效果。这才是成功地讲故事。

再看一个例子：

用叙述语言，我们会如此呈现一件事：

经过这件事情以后，这位老人有两个多月没睡过好觉，人也瘦得不像样了。

用故事语言，我们则如此呈现这件事：

老人对我说，她在经历这件事情后，整整两个多月，每天晚上都睡不着，只能睁着眼睛，盯着天花板，想啊想，想啊想，越想越睡不着。原来，她的脸庞圆润饱满，现在，她的脸色蜡黄，一点肉都没有。细看，她的两侧脸颊都凹进去了，两只眼睛像两口深井一样……

可见，用了故事语言，我们对事件的描述更细致、更生动，画面感更强。如果是很有经验的演讲师来讲这件事，他们还会运用脸部的动作来模仿老人凹陷的脸颊，从而让大家获得更真实的感受。

和叙述语言不一样，在故事语言中，对关键细节的描述绝对不能省略。简单来说，我们讲故事的时候要多用动词、形容词和名词，当你能把这些修饰词很恰当地利用起来，所讲的故事就会呈现出画面感。

置于旅游消费中，故事语言又能带来什么好处呢？

我们同样举一个例子。

有演讲师在推荐澳洲旅游产品时，会采用现身说法的方式，说"澳洲的空气可好了"。这就让听者匪夷所思：这空气好，究竟怎么好？比贵州的空气还好么？如果没有贵州的空气好，那我为什么一定要去澳洲呢？

如果我们用故事语言，就可以这样讲述：

我在澳洲旅游的十几天中，在白天的时候，不管我走到哪里，眼前始终像上演着4K高清电影一样，各种景物别提有多清晰了。到了晚上，我抬起头，还能看到满天的星星，就像满天飞舞着萤火虫，有的一直闪耀发光，有的一直若隐若现。

可见，用故事语言讲述澳洲的空气，就让大家有了更直观的感受，避免听者无边际地乱想。

往深一层讲，这就是故事思维的体现。

所谓"故事思维"，就是用故事把事实包装起来，再把个人情感融入语言习惯。很多人在演讲时天然地采用了叙述思维，而非采用故事思维。

对于拥有故事思维的人来说，他们可以把任何事情进行故事化包装，就拿"一个人很瘦"来说，我们怎么来讲这个故事呢？

我可能会这样讲：

此人瘦得的两只眼睛深凹，颧骨突出，两腮下陷，我可以清楚看到他骨骼的轮廓。

这种画面感非常强烈的描述，除了来自我的词汇积累，还有我的生活经验，它们共同构成了我的故事思维。

再比如说，"他非常生气地出了门"就是典型的叙述语言，基本没有什么细节描述。如果我们说"他真的非常愤怒，拿起水杯，头也不回，用力摔门而出"，这样是不是就更容易想象出他生气的样子呢？

在我们的线下旅游营销中，非常需要这种故事思维，它可以让我们的旅游产品展示更加生动。

我们仍以澳洲旅游产品为例，来介绍一下目的地澳大利亚。

用叙述语言，呈现效果如下：

澳大利亚，面积760万平方公里，人口2300多万，世界面积第五大国家，离我国将近10000多公里，非常遥远。

当我们采用故事语言，呈现效果如下：

从地图上看澳大利亚，就像把我国地图进行一个180度的反转。澳大利亚的人口有多少呢？相当于我国北京的人口数量，这是什么概念呢？相当于把北京的居住人口安排到我国四分之三面积的土地上居住，可以说是地广人稀。虽然澳大利亚离我们很远，但对于我们这一代人来说并不陌生，因为2000年北京申办奥运会是举国大事，而当年却是澳大利亚悉尼赢得了主办权，那时起，国人们就对澳大利亚悉尼有了印象。

整体来看，采用了故事语言，效果就又大不同。

归根结底，营销演讲既不同于其他类型的演讲，又不是纯粹的商业推销，而是试图通过演讲来说服参会游客购买产品或服务。在此过程当中，营销演讲是演讲师和参会游客之间的桥梁，最终走向成交。

这一点，很多导游和领队应该深有体会。在行程中，他们都有自己的小套路和小方法，让大家跟随自己的脚步走向一个又一个景点，而在景点介绍中，更要运用大量的故事语言，否则，自己的讲解根本无人去听。

此前我们曾在"过五关，展六将"的章节中提及"三级五步"，而要讲好一个故事，必离不开"三级"元素，即谋篇布局、埋雷布线、情感造势。

9.2 像恋爱一样把控气氛

跌宕起伏的节奏、清晰响亮的声音，是高水平演讲师必须具备的基本能力，那些讲话磕磕巴巴，没有任何节奏感的人，很难在线下旅游营销中实现自我价值。此外，懂得把控现场气氛的人，将会有更大的发挥空间。

对于线下旅游营销的现场气氛，我们曾透彻分析过，当大家不惜精力来塑造场景、升华主题时，目的就是营造活动会场的气氛，终极目标是营销破冰。

不过，这只是前期工作。当大家花心思把气氛营造起来，还需要一个把控整场气氛的角色。通常，这个角色由演讲师扮演，毕竟他们在台上的时间最长。

此前我们介绍过一系列增强演讲师吸引力的方法，除此之外，我们还可以通过组织几个小游戏来活跃现场气氛。

可别小瞧小游戏，它们常能起到大作用。

有一次参加朋友的婚礼，在活动进行之初，司仪组织大家做了一个小游戏，给我留下了深刻印象。这个游戏并不复杂：

首先，现场的人都伸出双手，将中指向下弯曲，对靠在一起（两手中指的指背贴在一起）。然后，将两手其他四个手指的指尖分别对碰。在开始游戏的正题之前，每个人都要确保五个手指中至少有四个手指有接触。

紧接着，正题开始了。第一，每个人都分开对碰在一起的大拇指。大拇指代表我们的父母，每个人都会生老病死，父母也会有一天离我们而去。第二，每个人都合上大拇指，再分开食指。食指代表兄弟姐妹，他们终会有自己的家室，也会离开我们。第三，每个人都合上食指，再分开小拇指。小拇指代表子女，子女长大成人后，迟早会有自己的家庭，也会离开我们。最后，每个人都合上小拇指，再试着分开无名指。这个时候，大家惊奇地发现，无名指怎么也分不开，因为无名指代表夫妻，一辈子都不分离。

做完这个小游戏后，现场的新娘和新郎都被感动得落泪，大家也对司仪的创意报以热烈掌声。当时，司仪没有长篇大论地歌颂爱情的高尚和婚姻的神圣，却通过一个小小的游戏，就点燃了全场人的情绪，可以说是把整场气氛都掌握在手中。那么，这种小游戏可以不可以用在线下旅游营销活动中？当然可以！至于该怎么用，我们可以根据活动主题来发挥想象力，充分设计。如果说，我们能把这种小游戏用于促单环节，理应收获很好的效果。

除了小游戏之外，我们还可以在活动中场安排"花样按摩操"。

现场的人集体向右转，伸出双手，轻轻放在身旁朋友的头上摸一摸，说："摸摸你的头，万事不用愁。"然后，双手轻轻放在身旁朋友的肩上捏一捏，说："捏捏你的肩，准能成神仙。"最后，双手轻轻放在身旁朋友的背上捶一锤，说："捶捶你的背，生活不怕累。"玩过一遍后，可以集体向左转，再做一遍。

千万不要忽视这种活动现场与大家互动的小游戏，它们能在关键时刻缓和尴尬局面。当然，这种小游戏的组织和调动，需要演讲师在平时大量积累，经常演练，可以说，任何服务于活动现场的知识，都离不开大家学以致用的实际行动。

除了利用小游戏活跃气氛外，演讲师还要对每一件事做好充分准备，以应对参会游客当场提出的反对意见。

能在第一时间妥善处理反对意见，这绝对是控场能力的绝佳表现。

现在，我们就关注一下，如何妥善处理反对意见。首先，我们来分析一下，有人提出反对意见，多出于什么心理。

我认为，提出反对意见的人，可能由以下五种心理作祟：

第一，为自己不购买寻找借口。这些人可以成为潜在消费游客；

第二，表现欲旺盛，认为自己知识丰富，对任何事都妄加批判；

第三，纯粹为了压价；

第四，存在误解，对旅游产品和服务还不了解；

第五，存在恶意，属于一种极端表现。

当我们的演讲有可能引起争议时，就要提前选好恰当的解决方式。如果方式选错了，就有可能在现场滋生出敌对情绪，不等活动结束，我们就处于失败的境地中。如果方式选对了，就可能在第一时间说服反对者。这是一门最难掌握却最有价值的交际艺术。

让我们将以上五种作祟心理进行分类合并，则可归纳出现场反对者的两种类型，分别是话痨抱怨型和无所不知型。

先看第一种——话痨抱怨型。说实话，这类反对者会过多占用其他人的提问时间，因为他们的话题经常不关主旨，房间温度、光线强暗、声音大小等都可能让他们喋喋不休。如果不加干预，他们会影响整个现场的气氛。因此，演讲师有必要采取有效行动来控制局面，比如，可以建议他听一下其他人的观点，或者对他的话简要过渡一番，然后立刻转入正题。

同时，演讲师还要判断他们的抱怨是否合理，能否当即采取行动改善。如果不能，就要明确对他的反馈表示感谢，并询问他有没有很好的解决方案，同时也可以邀请其他人提出建议。如果始终不能满足此人的要求，我们就会建议把问题暂时搁置，待活动结束后向组织者提出反馈。

再看第二种——无所不知型。这类反对者，不经邀请就长篇大论地发表反对意见，频繁挑战演讲师的观点。我们的建议是，不必与其争论，就事实说话，告知他已经知晓观点，感谢他的参与。或者，我们将其暂时搁置，活动之后进行单独讨论。当我们面对全场人对他表示感谢之意，而不是与其针锋相对时，就会减弱其"斗志"。

其实，一位成熟的演讲师并不担心有人反对。能有人提出反对意见，说明参会游客有互动的意愿和激情，只要善于利用现场气氛，巧妙回答问题并转移矛盾，反对意见甚至可能成为后续进程的推力。

9.3 登台前的空杯心态

"每临大事有静气，不信今时无古贤"，这副对联的内容，向我们展现了这样的道理：自古以来的贤圣之人，都是大气之人，越是遇到惊天动地之事，越能心静如水，沉着应对。

可以说，静心对演讲师而言，可以为演讲赋予更神奇的效果。

这让我想起了一个关于静心而专注的圣贤故事：

孔子带领学生去楚国采风。他们一行人从树林中走出来，看见一位老翁在捕蝉。只见驼背翁拿着竹竿去粘树上的蝉，就像在地上拾取东西一样自如。

"老人家的捕蝉技术真是高超。"孔子恭敬地称赞老翁，然后问道："您对捕蝉，想必是有什么妙计。"

"妙计肯定有，我练捕蝉五六个月后，在竿上垒放两粒粘丸而不掉下，蝉便很少能逃脱，如垒三粒粘丸仍不落地，蝉十有八九会捕住，如能将五粒粘丸垒在竹竿上，捕蝉就会像在地上拾东西一样简单容易了。"

老翁捋捋胡须继续说："捕蝉首先要先练站功和臂力。捕蝉时，身体要保持稳定，像竖立的树桩那样纹丝不动，竹竿从胳膊上伸出去，要像树枝一样不颤抖。"

可见，注意力高度集中，无论面对天地万物，岂不都如捕蝉一般得心应手？

听完老翁的经验之谈，孔子深有感触地说："神情专注，专心致志，才能出神入化。这可是做人办事的大道理啊！"

圣贤故事向我们揭示了一个很简单的真理：摒弃浮躁心态，专心致志，心无旁骛，才能准确达成目标。

当然，公开登台演讲时，绝大部分人都会紧张。该如何让自己的心静下来呢？我个人总结了以下三个小方法：

1. 做好充足的准备，对演讲主题和内容了如指掌。
2. 正式演讲之前，最好能在朋友面前试讲一遍。
3. 如果做完前两条后还是紧张，也可以试试深呼吸的方法让自己放松下来。

其实，紧张乃人之常情，并不可怕。我们还可以在上台之前听一些轻快的音乐。

轻快的音乐在调节情绪和平衡心理方面有独特的效果。不只是应对紧张问题，如果你在平时感到自己身心疲惫或不堪重负，不妨坐下来，静静地聆听一下音乐，或许会缓解诸多不适。比如，当我们急躁不堪时，可以听一些节奏舒缓，并引人思考的音乐，当我们心情低落时，则可以听一些优美的轻音乐。

如果我们在听了音乐之后，仍无法克服心中的紧张感，那就可以再尝试以下几种方法：

1. 回避目光法

当演讲者心里紧张时，台下某些偶然的人为因素，如某位参会游客发出的声响，也会加重紧张情绪，甚至引起情绪波动。这时，我们应该尽量转移目光，或者采用虚视方法。虚视方法的本质是一种目光转换，眼神好似看着什么地方和人，但实际上什么也没看。这是良好观察力的一种过渡阶段，有助于缓解紧张，让演讲师看起来彬彬有礼、落落大方。

2. 呼吸松弛法

在演讲前，多做深呼吸的动作，可以松弛紧张情绪。我们的具体做法顺序是：站立——目视远方——全身放松——深呼吸。这样，可以在最短时间平复心境。

3. 自我陶醉法

面对满场的人，我们经常会担心自己出现失误，进而想象自己出现失误的样子。这就很容易把自己带入误区。这时，我们不妨假想一下自己获得成功的样子，并朝那个假想的样子去努力。

4. 注意转移法

为了减缓演讲前大脑的紧张程度，我们可以有意识地把注意力转移到某个具体事物上，比如，我们可以欣赏会场的环境布置，也可以与人闲谈，借以冲淡不安的情绪。

纵观中外，很多成功的"演讲大家"都有自己转移注意力的小诀窍，比如，丘吉尔喜欢把每一位观众当成练体操的人，而罗斯福则会假设现场所有人的袜子上都有破洞。

5. 语言暗示法

语言的暗示多种多样，包括自我暗示和他人暗示。在演讲前，我们可以这样暗示自己："我已经很熟悉今天的参会游客，完全没必要紧张""我准备得很充分，我很有信心"。通过这种语言暗示，可以消除紧张的情绪。

归根结底，这些静心方法，都是为了让自己更有自信。

要知道，很多人公开讲话时言语不流畅、吞吐搪塞、情绪紧张，大多是因为自信心不足而造成的。当一个人对自己没有十足把握时，就会心虚胆怯，滋生紧张情绪，而紧张情绪又会带来言谈上的障碍。

可以说，树立自信，对一个人的口才发挥至关重要。如果信心充足，说起话来理直气壮、铿锵有力。很多人误以为这是自己的阅读和讲话能力不足，其实不然，核心就是一个信心问题。它是隐藏在口才背后的重要推动力量。

在演讲界，有一位广为人知的"活雕塑"。他就是来自澳大利亚的尼克·胡哲。他天生没有四肢，属于严重残疾，儿时就被周围的人看不起，曾一度轻生。

他在19岁的时候就打电话给学校，推销自己的演讲。在被拒绝了52次之后，他获得了一个5分钟的演讲机会和50美元的薪水。由此，开启了他的演讲生涯。

"只有一次又一次的尝试，没有失败，没有失败者，相信自己，你就能做到。"尼克·胡哲一直用这句话来鼓励自己。

在旁人看来，尼克·胡哲用超乎想象的自信打破了命运的枷锁，从一无所有变成了一无所缺，并收获了爱情和事业，成为一位全民偶像。

的确，他的嗓音富有磁性，这是天生的优势，但他思路清晰和语言幽默，却是后天培养的优势，而且，他的脸上永远是自信的微笑；他的眼睛永远闪烁着动人的神采；他的足迹遍及全球，他用自己的故事告诉大家，再大的困难都能克服。通过多年超乎常人的磨炼，尼克·胡哲已经具备了异常坚韧的心智，拥有了丰富的阅历。这些精神素养完全弥补了他的身体缺陷，并让他超越了很多健全人，取得了非凡的成就。

成功之后，尼克·胡哲短短几年在全球30多个国家开展了超过1500场演讲，每年要接到超过3万个来自世界各地的邀请。所有看过他演讲的人，都无不发自内心地诚服于这位曾被预言"永远得不到爱"的人。

如此看，广大身体健全的人，有什么理由不自信呢？

最后，我们提供三个讲话时的注意事项，可以让你迅速建立上台前的自信，让你在台上的演讲更加自如。

1. 讲话时要站直、坐稳。

很多人在讲话时总是坐立不定，来回摇晃，不停移动，这会加重自己紧张的情绪，尤其是来回摇晃，会使自己的心绪更不稳定。"心虚体身轻，飘飘若仙步"，说的就是内心不自信的人。如果我们自己能稳如泰山，讲起话来就透着一种稳重感，能给人很可靠的感觉。

2. 说话时敢于正视别人。

一个人在讲话时不正视别人，会显得自己很自卑，因为躲避别人的眼神意味着自己做错了事，心怀不安或内疚，或自认为不如别人，做事无信心。一个人在讲话时能正视别人，就等于告诉对方自己很坦然。正视别人，可以实现眼神交流，能够给别人带来希望，也能为自己赢得别人的信任。

3. 讲话时要抬头。

我们讲话时，要给人朝气蓬勃的感觉，这需要我们昂首、挺胸、谈吐自若，千万不要低头、垂目，这样会显示出一副信心不足的惨相。

9.4 灯光、音乐、PPT——意想不到的组合

在线下旅游营销中,有三个道具可以为我所用,增强整场活动的可记忆性。这三个道具分别是灯光、音乐、PPT。

第一个道具:灯光

演讲师应该了解到,灯光是左右活动效果的关键要素。通常,如果照明亮度不足,很容易导致参会游客注意力涣散、精神疲惫,尤其是在演讲过程中,容易进入昏昏欲睡的状态,直接对演讲师构成不利影响。因此,除非为满足特定的需要,否则,我们应尽可能让活动现场的光线充足。

相比现场灯光,舞台上的灯光要更加明亮,凸显氛围。演讲师应该明白,在不影响自己正常视线的前提下,要尽量让光线集中到我们的脸上。这样,参会游客就能清楚地看到我们的表情,而不是只看见一个黑影。实际上,当光线集中在演讲师面部时,表情的细微变化就能够有效展示,作为自我表现的一部分,它有散发出感染力的无限可能。

另外,在表演节目、组织小游戏和抽取奖品时,我们应该建议工作人员将灯光设置得温馨一些,而在特殊的活动环节,如情景模拟、潜能开发等,我们对灯光还会有更严格的要求。

第二个道具:音乐。

在一场线下旅游营销活动中,需要使用多种音乐来配合营造氛围,也需要使用一些轻音乐或经典曲目来进行伴奏。具体来说,开场音乐要热烈,伴随着主持人的热情互动,演讲师可以让大家感受到浓浓的仪式感。

通常，专业人士会为整场活动设计好音乐，比如，在领导上场时，音乐要隆重而不失欢快；在演讲师演讲时，要用温馨浪漫的音乐去伴随，让大家时刻处于美好的语境之中，在抽奖时，要播放欢快的音乐，让得奖者的快乐放大数倍，引发大家踊跃互动。

第三个道具：PPT

此前我们曾说，演讲师的演讲稿并不是撰写而成，是设计而成。

专业的演讲师一定会思考这个问题：如何能在最短时间内，让台下的参会游客尽可能多的接收内容？

这时，一个制作精美的PPT就能派上用场。毕竟，演讲师的讲解再生动，也不如直接展示一副壮观的图片更加有效。这就好像小学老师讲课一样，通常会拿出图片来讲，在吸引学生注意力的同时，便于他们理解。

尽管演讲师面对的都是成年人，其中不乏学历高和见识广的人，但当他们坐在台下，就会像小学生一样，等待着我们传递出优质旅游内容。作为"老师"，我们当然愿意呈现出包含一张张精彩图片的PPT。

可以说，PPT是演讲师自编、自导、自演的最有力工具。但凡PPT用得好，演讲师在现场所呈现内容就会更有趣、更直观。为此，演讲师需要懂得依靠PPT对大家进行视觉激发，且不是完全按照PPT对应的文本来朗读，而是花心思把PPT呈现的内容转变成易懂的视觉故事，进而支撑自己的观点。

这就需要结合我们此前所说的"故事语言"和"故事思维"，来设计精彩的视觉故事。

在这背后，是合理的PPT布局支撑。

那么，我们在设计营销演讲PPT时需要注意什么细节呢？有一段顺口溜，可以完美诠释这个问题。

> **制作PPT的细节**
>
> 开篇要把主题表,
> 文本别读用来瞟。
> 图片选大别选小,
> 背景统一别花哨。
> 播放格式莫单调,
> 合理排版布局巧。

当我们逐句解读这段顺口溜,PPT的各种细节就浮现在我们眼前。

第一句:开篇要把主题表。

这句话旨在说明,PPT的第一页千万不能用来抒情或借景,一定要开门见山、直奔主题,最好,第一张图片上就直接显示主题。

第二句:文本别读用来瞟。

这句话是什么意思呢?原来,PPT中不宜加入需要人花时间来阅读的文本,最好能让人瞟一眼就心知肚明。

其实,PPT的本质在于可视化,就是把看不见、摸不着的抽象文字转化成图片、图表、动画等元素构成的生动场景,力求通俗易懂、栩栩如生。因此,文字是PPT的"天敌",一定只能是用来瞟的。

第三句:图片选大别选小。

这里的图片大小,指的是图片像素大小。在PPT中,我们理所应当地选用主题相关的景点图片,且是分别率高的高清图片。我们还要将图片铺满整个屏幕,这样才能显得震撼,产生代入感并直击人心,让现场的参会游客心生向往。

第四句：背景统一别花哨。

对于线下旅游营销所用的PPT而言，图片设置相对比较简单，因此，大多数PPT都采用平铺图片，很少涉及背景。唯一设置背景之处，可能就是有关"产品亮点"的2至3页PPT，需要我们统一背景。

那么，什么颜色最适合作为PPT背景色呢？按照我们的惯常经验，浅色作为背景色效果会比较好，因为人们很早就有"白纸黑字"的阅读习惯，尤其适合白色幕布的播放屏。

当然，这并非绝对答案。如果活动采用LED大屏幕，就适合采用深色系的背景，通过明暗对比以及LED屏的特殊质感，呈现出非常震撼的效果。

第五句：播放格式莫单调。

PPT播放中，合理、适当地使用"动画效果"会起到突出内容的作用，也会避免视觉疲倦，不过，我们务必要掌握一个度，动画效果既不能单一，也不能过多。

第六句：合理排版布局巧。

线下旅游营销PPT在布局时，讲究等距、对齐、对称、留白，满足这些基本的美感要素，我们就有可能抓住别人的眼球。毕竟旅行社以服务盈利，最看重的就是"脸面"，在活动中显示出事无巨细的专业，会让参会游客产生信赖感。

其中，我们的文字排版要精简干练、错落有致、突出重点，尽可能用图表来处理内容。

不可否认，小小的PPT中藏着大学问，甚至可以单独搞一个课题来研究。不只是演讲师，身处各个行业的人，在熟练掌握一些必要的PPT技巧后，都会为自己的职业生涯增色不少。

借助灯光、音乐、PPT这三个道具，一位极具自信的演讲师，很有可能在短短几个小时内完成旅行社用数月才能达到的营业收入。前提是，他能在短时间消除参会游客的疑虑，快速达成交易。

第十章

消除游客的末梢疑虑

曾几何时，"双十一"已经从一个网络节日演变成了全民购物节。从2009年到2021年的12年间，这个全民购物节呈现出规模越来越大、持续时间越来越长的趋势。

尽管很多人都明白，"双十一"购物未必比平时便宜太多，但经受不住周围人的带动，纷纷下单，这就是购物习惯的养成。

想想看，我们的线下旅游营销也在用类似的操作，达到类似的目标。我们通过一种节庆气氛的营造，让参会游客感觉自己得到了很大力度的优惠，从而集中下单购买旅游产品。

实际上，从旅行社的利益角度看，线下旅游营销在成本和收益方面最划算。当我们把线下旅游营销当成一把利器，就有了深入市场的可能。对于广大组团社而言，我们可以任意选择适合的旅游产品来自行包装，不会受限于供应商。

从演讲师的视角看，我们要成为营销演讲中的"欲望唤醒人"，唤醒参会游客对旅游目的地的向往，然后，打消参会游客的最后疑虑，促成交易，堪称完美攻克市场的典范。

有一些见识过线下旅游营销的旅行社老总，对于"打消参会游客的最后疑虑"尤为关注，因为这是他们日常市场营销工作的核心难题。其实，演讲师解决这一核心难题的手段，很适合每一位旅行社从业者学习应用，我们有必要做一个全面了解。

10.1 营销演讲全流程

我们已经了解到,营销演讲是一种销售型演讲,以台下观众的需求为导向,以讲促销,核心是营销。其关键在于,演讲师要善于讲大家爱听的内容,而不是自己爱说的内容。作为高手,一场精彩演讲绝不在于演讲师滔滔不绝的程度,而在于他所选择的话题角度。

通常,一场营销演讲需要按照以下流程进行:

第一步,自我介绍。

在这个环节中,演讲师需要让大家知道自己是谁。在这个过程中,演讲师需要言简意赅地介绍自己的资源、能力、成就,还要阐述自己对大家能带来什么帮助,从而把自己塑造成为行业专家。

会做自我介绍的人,在一场演讲后就会扩大自己的影响力,因为人们愿意去探究他的自身价值,毕竟,人性本能中就包括索取,而营销就是要顺人性,讲别人想听的话,把自己的成果体现出来,让双方建立信赖感。

第二步,进行互动,播撒情怀。

你有没有想过,大家为什么要听一个人演讲呢?因为大家能获得有用信息,并获得快乐与满足感。线下旅游营销的目标就是提高参会游客的生活品质,让大家的生命质感与众不同。这时,演讲师就有开展互动并讲述情怀的需要。

需要注意的是,前两步需要在开场10分钟之内完成。可以说,这10分钟非常重要,它决定着演讲师接下来所说每句话的命运,因为,参会游客会根据演讲师的第一印象来决定自己是否耐心听下去,而且,他们不会给演讲师第二次建立第一印象的机会。

第三步，讲解产品。

在讲解产品的过程中，演讲师要特别注重排他性分析。也就是说，我们要强调对手所不具备的优势，主推我们旅游产品的优势和亮点，在制造旅游产品稀缺性的同时，放大旅游产品的独特性。

那么，演讲师该如何证明自己的旅游产品就是好呢？有证据就要拿证据；有案例就要拿案例，实在不行，也要借助第三方力量来证明，尽可能呈现游客的图片和视频。之所以要多讲证据和案例，因为其本身就具有故事特征。演讲师要做的就是，利用这些具有故事特征的证据和案例，让活动现场的每个人都能联想到自己。

第四步，价格促单。

这相当于传统营销活动的"价格立减环节"。演讲师要向大家特别强调：在现场下单购买会得到什么好处，如果不买会带来什么损失。另外，演讲师还要进行价格对比。对比谁的价格呢？就对比知名在线旅游网站上相似的产品价格，烘托现场下单的产品价格之低，充分激发大家"想得到，怕失去"的从众心理。

第五步，情感促单。

在价格促单之后，演讲师还可以再添一把火，进行情感造势。这时，演讲师要找准参会游客的痛点，深度挖掘需求，必要时可以引入家国情怀，在提高主题档次的同时，点燃现场的气氛。

第六步，活动促单。

在最后，演讲师可以在主持人的配合下，通过抽奖互动（砸金蛋或抽红包），再次进行价格立减和名额限制的设置，为整场促单助推最后一把力。

以上是演讲师在一场演讲中的常规操作步骤。逐一完整且完美地操作下来，需要的功力积累十分深厚。

从另一层面看，演讲师其实是一位货真价实的生意人，因为他深深懂得：别人需要什么，我就营销什么。正如千万旅行社从业者设计开发旅游产品一样，他们肯定不是凭着自己的爱好和意愿去设计旅游线路，而是根据市场调查和分析（游客年龄和消费水平等）来设计开发。因此，邀请演讲师来营销旅游产品，绝对是珠联璧合之作。

记得2019年初，一位行业好友正在推广澳洲线路产品，并在河南某地搞了一次小型线下旅游营销活动。直到活动前一天，这位好友才告诉我，想让我到场协助促单，因为这是他第一次搞线下旅游营销活动，心里没底。

那次活动中，担任演讲师的人是他的同事，有着10年以上的营销经验，还曾为知名教育机构培训美国线路产品，可谓非常专业。那次活动预计到场30人，实际到场21人。演讲师在产品讲解环节展现出了高水平，且准备了制作精美的PPT，只不过，他的控场能力稍有不足，现场局面有些混乱。

最致命的是，演讲师把促单环节的核心内容搞错了。按道理，促单环节的核心内容应该是价格和产品本身的稀缺性，但他把重点落在了产品的食宿标准上，而这本身是可以忽略或一句话带过的话题。

结果，整个促单环节的内容听起来像一线门店销售培训一般。当我发现苗头不对后，立即让主持人打断他，再重新梳理了产品亮点，总算是补救回了一些客户。

活动结束后，我们和这位演讲师深入交流了一番。原来，他在日常营销工作中根本不会出现这种状况，通常都能做出有效引导。这次，难道是他太紧张了么？

据他所说，自己并不紧张，只是他把自己定位成专业的演讲人员，没有按照营销逻辑行事。具体来看，他把针对不同类型游客的营销方式全部陆续呈现于演讲中，让人看起来好似销售培训。

可见，他的问题出自定位：不应把自己定位于演讲人员，而要定位于营销人员。

虽然台下人很多，但演讲师要把他们视为一个整体（一类人），进行具有针对性的营销演讲。正如组团社的营销人员一样，对待不同类型的游客，会采用不同的方式。

例如，针对家庭组团出行的游客，我们要强调旅游产品中的休闲度假特征；针对企业家游客，我们要强调旅游产品中的高档价值特征……这样就会提升被选择的可能性。

因此，演讲师一定要把自己定位于营销角色，并在开场时就找准自己的"位置"。

同时，演讲师还要帮助参会游客来找准他们的"位置"。

该怎么帮助参会游客找"位置"呢？有一个虽然简单粗暴，却很有效的方法。就是用三个"最"来问候大家。在很多励志演讲中，演讲师的问候通常类似这样：

"各位最有正能量的、最有热情的、最热爱学习的朋友们，你们好！"

这就是演讲师在主动锁定参会游客印象，我们需要什么样的参会游客，就用相应的内容去称呼他们。比如说，医疗行业的演讲师，可以这样问候："最热爱健康的、最有爱心的、最热爱生活的朋友们，你们好！"

置于旅游行业而言，演讲师可以这样问候："各位最热爱家庭、最热爱生活、最有活力的朋友们，你们好！"相信，这三个"最"，是演讲师对参会游客的理想定位。

当我们为参会游客做了如此高端的定位，对方在后续听讲的配合度就会大幅提升。

10.2 如何创造独一无二的卖点？

我们在此前的"过五关、展六将"中，曾经提到了"三级五步"。

"三级五步"有助于我们打通内容关。其中，三级（谋篇布局、埋雷布线、情感造势）元素为讲故事服务，而五步（开端的问候、自己的故事、产品的故事、产品的见证、成交的方案）构成讲稿框架。"三级五步"即可打造演讲师一篇完美的演讲稿。

也就是说，"三级五步"贯穿于整个演讲过程，并为每一个环节增光添彩。

在了解过营销演讲的全流程之后，我们参照"三级五步"的核心精髓，在全流程中设置一个个卖点。

在开端的问候中，除了我们刚刚所说的用三个"最"，还有一个重要环节，就是自我介绍。

自我介绍在整个营销演讲中所占的比例非常少，通常只有简短几句话，用时也非常短。不过，自我介绍的作用却十分关键。一个好的自我介绍，能给人留下美好的印象，并对接下来的演讲起到很好的启动作用。

尽管我们要求自我介绍的语言要简单精练，但绝不能是填报户口式的履历介绍，如"我叫某某，某年某月出生，曾做过某项工作，有过某种成就，担任某项职务，爱好某某……"这样乏味的自我介绍，更是难以给人留下印象，甚至当你讲完最后一句时，大家已经把前面的内容忘记了。

有经验的演讲师都知道，不管自己准备了多么丰富的内容，最初十分钟的内容都是最重要的，而这最重要的内容恰好是自我介绍，所以，我们要在此树立自己的"金字招牌"。

在营销演讲全流程中，第一步（自我介绍）和第二步（进行互动，播撒情怀）通常融入演讲师自己的故事中。

也就是说，演讲师在此需要讲好自己的故事。

讲自己的故事，通常围绕着一个主题——昨天、今天、明天。

有一位演讲师，也是我的老乡，她所讲述自己的故事，就令我印象深刻。至今，我还记得其中的部分内容：

我是河北人，旅游专业出身，大学毕业后就拿到了导游证书，在老家当政务导游兼大学客座老师。那时的生活，可以说是非常舒适和安逸，但是，我总认为，越大的平台，越能开阔我的视野，这样才能打开我的格局和胸怀。于是，我毅然决然地离开家乡，去北京的一家旅行社担任销售兼领队。

短短几年间，我走过了世界上大大小小的50多个国家。虽然很艰辛，虽然很劳累，但我得到了很多生活的沉淀和感悟。而且，我明白了一个道理：旅游为我们带来的财富，并不是物质所能衡量的，比如，旅途中找寻到的最美风景，体验到的全新生活状态，让我们得到的是人生的价值升华。

所以说，旅游真的很精彩，世界真的很奇妙。有人曾说，如果你想用一辈子活出别人三辈子的精彩，该怎么做？答案就是"去旅游！"

的确，通过旅游，我们可以在风景当中找到不一样的自我，追忆青春的芳华。对于广大年轻人来说，旅游有着另一层意义：它可以作为自己送给亲人的最佳礼物，因为对于广大中老年朋友来说，和孩子们一起旅游，是他们最期待的事。

从事旅游行业这么多年，我经历着一个生命体验的过程，而我的梦想，就是完成千万人的出游梦想，为大家奉献一次次快乐的旅游。

为什么说上述"自己的故事"能让人留有印象呢？关键就在于其胸怀和格局要比很多人高一些，并融入了自己的梦想，毕竟这个世界上，有梦想的人会吸引没有梦想的人，有大梦想的人吸引有小梦想的人。如此故事，在演讲开局就能实现情怀的播撒。

说过"自己的故事"，我们再看"产品的故事"和"产品的见证"。

很多人在营销产品时，都只是在售卖产品的价格，从来没有售卖过其价值。对方之所以说你的产品贵，是因为你没有把产品的真正价值传递给他。一旦对方认可了产品价值，就愿意付出相应价格去购买。

不得不说，我们的很多旅游产品定价，都是以成本为基础，再加上各个分销机构的利润，与商业上的价值塑造相距甚远，无法为其赋予高附加值、深层次象征和社交含义。

于是，为旅游产品赋予商业价值的重任，落在了线下旅游营销上，而要让这一营销形式产生最强烈的效果，离不开演讲师的产品价值塑造。首先，演讲师要充分尊重和了解产品，并在此基础上利用多种方法，发掘在游客心中的需求，塑造产品的价值，来促使成交。

在塑造旅游产品价值方面，有经验的演讲师会在"产品的故事"和"产品的见证"两方面入手，通过营造产品独特性和稀缺性来制造卖点。

其中，在营造产品的独特性上，演讲师连同在场营销人员，需要对旅游产品有充分理解，并表示出产品的独特性，尤其在公开展示任何有关产品介绍时，都能表现出对产品的欣赏和热爱。

在我的线下旅游营销实践中，我对大家的要求会更苛刻一些，要所有人必须100%了解产品的亮点和特色，并烂熟于心。不论演讲师还是营销人员，都要反复模拟参会游客提出的各种问题并进行解答，还要推崇产品的价值和塑造产品的唯一性。

具体来看，我们在包装高端旅游产品和中低端产品时，所用的套路也不尽相同。

当手握高端旅游产品时，我们要重视高端形象的打造，因为人们普遍有购买知名产品的欲望，毕竟知名产品代表着过硬的质量和完美的服务。

在线下旅游营销中，演讲师要特别注意产品美誉度的塑造，努力营造出光环效应，最好能激发出人们天性中的崇拜心理，让大家认为你所推荐的旅游产品非普通旅行社所能提供。

至于更高水平的演讲师，会引导参会游客形成如下判断：此款旅游产品代表着当地最流行的旅游趋势，一旦参团，就有了地位和实力的象征，还能在亲朋好友面前获得尊重。这就是旅游产品社会附加值的体现，演讲师需要从上到下对旅游产品线路进行积极包装和宣传，去掉其中可能存在的低端元素。比如当下的南极和北极的极高端产品。

当然，演讲师要发自内心地相信，自己的旅游产品符合高端路线，能够为大家带来最佳体验。比如，在三、四线城市开展欧洲、澳洲等出境长线产品营销时，要从语气、讲词、图片、视频、音效等方面营造出高端大气的精神享受空间，因为三、四线城市居民前往欧洲和澳洲旅游的机会不多。

在此，演讲师要让大家明白，随便一个境外小镇，都可能是一次心灵之旅，任何一种景色，今生可能只有一次机会相遇。很多地方可能大家闻所未闻，却是这一生都无法错过的美景，更可以是治愈心灵的地方。

当然，线下旅游营销的主推旅游产品不可能只面向高端游客，我们要满足不同消费水平的游客需求，必须要有适当的中低端旅游产品，并以此获得更多游客的认可与青睐。

当手握中低端旅游产品时，演讲师应该转换思路，突出其与众不同之处。

虽然中低端旅游产品无法像高端旅游产品一样可营造奢华高贵感，但突出这些产品的亮点，同样能够刺激游客的消费欲望，比如说，我国游客普遍对东南亚国家熟悉，即便自己没去过，也会听亲朋好友讲述过。对于类似主题的营销活动，演讲师就要减少介绍景区的时间，最好在开场的前半个小时充斥着娱乐内容，可以多讲一些东南亚旅游趣事及街头特色小吃，而不是景区历史和文化意义。

经历了"新冠疫情"，人们普遍更重视自己的生活细节，美食文化渐渐兴起，大家在外出时更在意有没有吃到当地特色的美食，这个意义甚至超过了有没有去过当地名胜。

这时，如果产品行程中包含比较优质的餐饮环节，那就值得大讲特讲了。

记得有一次推广一个中档邮轮产品时，我们一位年轻演讲师的表现就比较出色，因为她的介绍集中在了吃的特色上，比如：

在我们的邮轮上，你可以吃到中餐、西餐、自助、烧烤、海鲜和火锅，饮料和红酒都有十几种。在这邮轮上，我们根本不用起早贪黑赶日程，您想睡到几点都行，即便错过了早餐，还有午餐等着您呢，很多种美食任您选择。

饱餐一顿后，我们能在邮轮上玩什么呢？项目可是非常多，包括游泳、桑拿、打保龄球、健身馆，应有尽有，让您随心玩。如果咱们想高雅一把，还可以欣赏歌剧和杂技。

最重要的是，我们上面所说的项目，在这个产品里一价全含，不用您再额外花钱，就能享受一切。

为什么说这番介绍比较出色呢？因为她抓住了制造了一种休闲享乐的氛围，而且突出了产品的性价比。这对中低端产品受众群体的吸引力很大。

其实，这位演讲师在整场演讲中突出了一个"享受"概念，引导参会游客把这款邮轮产品定义为享受之旅，让大家跟着自己的感觉走。如此包装，这款产品的价值感就被拉升起来，拥有了独一无二的卖点。

可以说，演讲师在面对产品介绍时，要侧重价值而非价格。

通常，旅游产品的价值体现在成本之外的地方，包括稀缺性、安全性、优质性以及游客认可度等方面，而且，能够入选线下旅游营销活动的旅游产品，都会具备独特的路线安排或有不一样的服务保障，可以说，它们是游客在市面上很难购买到的。于是，演讲师完全可以利用这一特点，强调旅游产品的稀缺性价值，把该产品与市面上的普通产品大比特比，把差别之处放大给参会游客，诸如行程中安排的特色餐和升级的住宿标准等等。

最好，演讲师能总结出来该产品的十大亮点、多项赠送和多重保障等内容，告知参会游客在市面上买不到类似产品，因为这是旅行社专门为大家精心设计，在市面上最受欢迎且最容易售罄的。

10.3 控场中的成交机会

一家旅行社组织一场线下旅游营销活动，必定会倾注整个团队的力量，进行科学计划；明确具体分工；力争配合默契，不过，最终决定成败的人，往往是在活动现场最有话语权的人——演讲师！

我们刚刚说完"五步"中的开端的问候、自己的故事、产品的故事、产品的见证，最后，演讲师要尽全力完成冲刺，也就是成交的方案。

成交的方案实施，要基于前面四步的完美呈现，以及演讲师对场面的有效控制。

说实话，成交的方案并非是一个理性的交易流程，而是鼓动参会游客在第一时间产生交易冲动。这个方案，很可能只是一瞬间的感性释放。

通常，成交的方案发生在促单环节，需要演讲师在极短时间内抓住现场所有人的注意力，并激发起大家对产品的购买欲，这一要求，对演讲师而言难度巨大。

在此，我们给广大演讲师们提供一个小技巧，那就是借鉴。

在实战中，演讲师为了展示自己的水平，会时不时爆出一些"金句"，如"我有信心让大家的这次出行成为文化之旅，它会让你意犹未尽，但绝不会有遗憾！"和**"认识一分钟，相守一辈子，这叫爱情；旅行几天，回忆一生，这叫生活"**等等。这种金句肯定不是信手拈来，而是得益于演讲师在平时大量的阅读积累。可以说，凡是能打动自己的语句，就有打动参会游客的可能，把它们记录下来，积累起来，借鉴过来，置于合适的语境中，就能为自己的促单环节增色不少！

想多一些控场中的成交机会，我们就要尽快拉近自己与参会游客的距离，增强对方的信任感，我们完全可以借鉴一些内容来碰撞大家的"小心灵"，产生共鸣。

在很多线下旅游营销活动中，我们常会听到类似这样的表述：

各位在座的叔叔阿姨，我有几句心里话想和大家分享，您看我说的有没有道理。

人生零岁登场，十岁茁壮成长，二十为情彷徨，三十基本定向，四十拼命打闯，五十告老还乡，六十搓搓麻将，七十晒晒太阳……操劳了一辈子，奋斗了一辈子，咱们有多少时间是在为自己活着呢？

过去，咱们生活条件不好，家里兄弟姐妹多，有好多人为了弟弟妹妹能上学而自己辍学，早早赚钱养家。成家之后呢，又得照顾家人，供养儿女上学。好不容易等到儿女工作、成家了，结果呢？又得帮着照看孙子、孙女，就这样日复一日，年复一年……

各位叔叔阿姨，俗话说"儿孙自有儿孙福"，我们也应该拥有丰富多彩的晚年生活，多走走，多看看。人生苦短，何不及时享受一下呢？晚年，我们要不要把烦恼抛在身后，去寻找一下旅行的乐趣呢？

在这番描述中，演讲师就借鉴了一些别人对晚年生活的评价，而诸如此类的可供借鉴的素材还有很多，例如，在促单环节，一定有人会说："再等等吧，现在的时间不合适我旅游。"这时。演讲师或营销人员就可以强调"人生最怕等"的道理。

的确，一个"等"字很容易给人留下遗憾。关于此，我们可借鉴的内容有很多，比如：

人这一辈子说得最多的就是"等"，等有钱了，等有时间了，等将来，等以后，等下次……

往往，等到最后，机会没有了，等来等去，一切都变了；等来等去，留下的是遗憾，错过的是美景，伤害的是感情。其实，感情最怕的就是"等"！

等有空了再陪伴，感情淡去了；等有钱了再孝敬，父母离开了；

等忙完了再联系，朋友疏远了；等空闲时再见面，缘分不见了！

等，让缘尽；等，让情断！茶凉了可以再续，心凉了如何再暖！

这是在很多心灵小品中常见的文字，我们完全可以借鉴到营销演讲中，在此基础上，我们可以接着说：

旅行的道路上有陪伴、有孝敬、有温情！趁着我们还有精力，要不要一起去欧洲走一走，看一看呢？

这就是借鉴。想必大家都能看出来，我们将一些通俗易懂的感情造势内容稍做调整，用来促单。

没办法，演讲师就是与时间赛跑的人，因为对于任何参会游客而言，能认真听一小时就到达极限了，所以，演讲师不能说废话，语言要干净精炼，每一句话都触及听众的内心。此前所借鉴的几番表达内容，都是为了让参会游客果断下单，避免犹豫不决。

当然，演讲师不能一味借鉴，还得凭自己的本事搅热全场。这时，幽默的人容易抢占先机。

想必，大家一定听过一些枯燥、无聊且让人无精打采的演讲，不仅内容平淡，还缺乏笑料，难以让人耐心听下去，自然就不给任何成交的机会。对于演讲师来说，要想增加这个机会概率，不妨加点包袱进去，让自己幽默起来。

在我看来，幽默是一种人类智慧，发生在看似意料之外时，却又在情理之中，幽默还是一项语言能力，能让人捧腹大笑后，又能品味出一点道理。

不得不说，有些人天生具有搞笑天赋，属于"长在笑点上的人"，自带幽默气场。即使摆在面前的是一个蹩脚的笑料，他们也能通过字句之间停顿的长短和机智快速的临场表现，让人觉得好笑。这些人，在我们看来就具有演讲师的潜质。

即便如此，在线下旅游营销活动现场使用幽默，仍然需要注意以下几点：别夸口、别笑场、别啰唆、别离题。

第一，别夸口，不吹牛。

如果演讲师想为大家画一个饼，大家的期望中就会出现一个饼，而不是比萨。按照我们的经验，演讲师要避免说出"这将是你们听到的最好的笑话"或"让我们来听听这个笑话"之类的话，因为我们不敢保证接下来要讲的内容听众听后绝对会笑。

第二，别笑场。

真正的幽默是，讲的人一本正经，听的人忍俊不禁。如果本来就不是很好笑的事情，演讲师自己倒先笑个不停，难免太尴尬了。要知道，有些冷笑话和冷幽默，需要用平静的口吻讲出来，才能起到幽默的效果。

第三，别啰唆，要简洁明了。

如果你想用一个笑话来吸引大家的注意力，从而迅速促单，那么这个笑话一定要短小精悍，如果太长，就会让大家逐渐失去耐心，所产生的幽默效果也会大打折扣。对于短小精悍的笑话，我们可以慢条斯理地讲清楚，确保大家能听懂每一句话，并且，我们不能轻易打断大家的笑点，如果他们笑了，那就让他们笑个够。

第四，别离题，要与主题相关。

幽默虽好，却不宜滥用，我们一定要与营销活动的主题相契合，才能得到满意的效果，除非你是相声大师，能够把任何话题做到雅俗共赏。

不可否认，大部分演讲师并不具备信手拈来的幽默因子，想要真正在短时间吸引所有人的注意力，让促单进行得更顺利，离不开以下几个方面的技巧：

第一，演讲师要敢于自我调侃。

我们都知道，自嘲式的语言不仅可以帮助自己诙谐巧妙地把控气氛，更是一种自信的表现。那些敢于自嘲的人，通常都是内心强大的人，会让参会游客对其好感倍增。

记得有一次，我旁听了一场欧洲旅游产品主题营销活动，演讲师是一位颇有经验的女孩子。

刚开始，参会游客听得饶有兴趣且认认真真，可讲到一半的时候，大多数人已经心不在焉，甚至大声聊天。无奈之下，演讲师停住了讲解，开始微笑着看大家。实际上，这位演讲师应用了营销演讲中的小技巧——短暂停顿。如此，在场的人反而会感到奇怪，心想这人怎么不讲了？发生什么事了？于是，大家的目光会投向演讲师。

这时，这位演讲师问了大家一句："大家感觉小赵我这人怎么样？"

"胖！"台下一位大姐喊了一句，并引起哄堂大笑。

"恭喜你，答对了！一会记得找我要礼品。"演讲师大声说道，一下将气氛推动起来。然后，她顺势展开猛烈促单。

这，就是典型的自嘲式幽默，博取大家开心的同时，为自己创造了营销机会。

第二，演讲师要选材真实，并适度进行戏剧化夸张。

虽然我们极力想创造出幽默，但要避免一个误区，那就是照搬自己在别处听到的笑话，尤其是那种传播度很广的笑话。如果现场有很多人听到过自己所讲的笑话，气氛就会非常尴尬，因为笑料太缺乏创新性。

因此，如果你试图增加幽默感，请务必在借鉴的基础上增加原创元素。这里有一个最简单的"笨方法"，就是对自己人生经历中的角色、时间和对话进行戏剧化夸张，并通过一些非语言技巧来增强效果。

接着上面的例子说，当台下有人说自己"胖"时，这位演讲师，她是女孩子，笑呵呵地讲："其实我这不是胖，而是心宽体胖，对吧？有人长得漂亮，有人身材棒，有人出身好，而我呢？心态好！别看我现在这样，体重达到了0.12吨，可是，谁没有瘦过呢？你们知道吗？我最瘦的时候，大概有八斤吧。"

正是这种自嘲，让现场的人认为眼前的这位女孩子很可爱，有了继续听下去的兴趣。

第三，演讲师要学会做硬核表演艺术家。

我们的营销演讲不同于商业演讲，无须那些宏观趋势和前沿话题,但需要接地气,贴近百姓的市井生活。

有一个营销场景,堪称典范。只不过,这种场景现在已经比较罕见了,它就是20世纪80年代和90年代在火车上常见的推销活动。

那时,火车速度不快,但乘客很多,整个车厢十分混乱嘈杂,而一些穿着制服的列车员,手拿商品一路推销,实乃一场硬核的现场推销。别看他们的推销吵吵嚷嚷,其实专业功夫远超你的想象。最起码,他们的自信程度无人能敌。

这些列车推销员口中的广告词从不华丽,都是通俗易懂的大白话,直击消费者内心深处。印象中,有一位推销大枣特产的列车员,曾有这样的叫卖语:"女乘客吃了赛过杨贵妃,男乘客吃了身不亏!连70岁的老头子,吃完了都能打NBA!"

如此简简单单的顺口溜,却轻松囊括了各年龄层的痛点,十分有趣。

可以说,这些列车推销员都是隐藏的段子手。的确,融入段子的内容,可以老少皆宜,而且,这种押韵的段子,更能凸显营销内容的专业度。

一万块钱不敢花,在家肯定不当家!
一万块钱不算贵,捐给医院准后悔!
一万块钱不算多,娶不了媳妇买不了车!
一万块钱算个屁,买不了房子买不了地!

上述这种段子,看起来难登大雅之堂,却容易让老百姓为之触动。

可见,在这种硬核推销的方式中,根本不存在"尴尬"二字,推销员还巧妙地为自己留下了再次推销的可能性。

如果将这种硬核推销的方式应用在线下旅游营销中,我们倒是可以这样尝试:

叔叔阿姨，要不要给自己和老伴儿报上名，在朋友圈里展示展示？多有面子！

什么？这次还是不想买了？没问题，那我们下一次见！

听起来天花乱坠，骨子里却最接地气。这略显浮夸的硬核推销方式，其实需要拼尽全力去完成。回想他们的"表演"，有姿势，有态度，回看他们的坚持，有情感，有温度。

不得不说，幽默是人的智慧和能力体现，对于天生缺乏幽默细胞的人，确实需要下大功夫积累！

10.4 通关全流程，四大时刻最关键

我们已经知道，通过信息差来盈利的模式早已过时，而且，消费者已经不再对广告言听计从了。对于旅行社而言，把营销与线下场景联结，并逐步挖掘大数据中蕴含的营销价值，乃是走出困境之举。

随着线下旅游营销活动的开展，旅行社愈发关注游客在特定场景下的特定需求和喜好，并习惯于去洞察和分析场景，创建有利于自己营销的场景，把握住自己与游客最直接的合作时机。

懂营销的人都明白，要真正让游客和旅游产品实现互动，必然要实现情景交融。这样才能在收获游客关注度的同时，带来真金白银的线下转化。

因此，线下旅游营销是旅行社举全员之力的大活动，需要每个人倾力付出，特别是肩负成交使命的演讲师。

纵观线下旅游营销的全流程，有四个关键时刻：

第一个关键时刻——活动开始之前。

通常，工作人员会在正式活动开始的前一天到达现场。除了布置会场、调试音响设备及PPT外，主管负责人还要为所有参会的工作人员召开一个简单的说明会，主要是强调好各自的职责，并为各门店负责人和营销人员培训一些促单话术和接待技巧。按照以往经验，看到参会游客到来一定要亲自上前迎接，边聊家常边引领其签到、入场，并陪其落座进行简单寒暄，让对方有一种被重视的感觉。

至于演讲师，虽然是整场活动的主角，但千万别把自己当成大腕儿或领导，非要等人介绍才能露面。在活动开始前，演讲师完全可以在台前先露面，若场内有人与自己对视，就要报以微笑回应，也许大家当时不知道这是谁，但后续经主持人介绍时，演讲师的形象立刻就有了。也就是说，不管情况如何，演讲师都要和大家混个脸熟，千万不可出现严肃冷淡的表情，否则会影响自己在后续演讲中精心设计的亲近感。

就此而言，我认为专业的演讲师，在去一个陌生的城市开展演讲前，最好先收集这个城市的资料，在开场白之后，和参会游客聊一聊他们的城市，并进行合理夸赞。这种做法，往往能收到奇效，让大家在短时间内和自己建立信任关系。

第二个关键时刻——演讲开始后的第一个十分钟。

在心理学中，有一个非常有趣的现象：如果在十分钟之内没有把眼前这个人的思维和头脑调动起来，很可能在十分钟之后，他的思路就开溜了。

之于营销演讲来说，我们最怕的是演讲师一个人在滔滔不绝地讲，但台下的人却在昏昏欲睡。当然，这种情况是每个人都难以避免的，所以，在讲了十多分钟时，演讲师要适时提问，在舒缓节奏的过程中带动气氛。

演讲师要提问什么呢？可以问前面所讲的内容细节，并强调答对问题有小礼品相送。这时大家才恍然大悟，原来认真听讲有可能会获得礼品！有一次我们就采用了这种提问方式，结果收效明显，在后续演讲中，我们竟然看到很多参会游客在认真做笔记。

值得一提的是，演讲师的提问要讲究技巧，要多用转折语句暗示自己的意图，比如："大家想不想知道呢？""我们要不要去呢？"等等。而且，提问虽好，但不能多问，否则该讨人嫌了。

演讲师，一定要懂得"善问"。

首先，"善问"可以迅速甄别出有效客户。那些能和自己有呼应的人，通常都在静心听讲，也是意向最明显的人。这些人，是演讲师在促单环节的重点攻单对象。

此外，"善问"可以把产品价值塑造到极致！比如，演讲师可以这样问：

在座的叔叔阿姨，我想问大家一个问题："您还记得去年的今天，您在做什么吗？是不是不记得了？但是我敢说，如果今天您和我们一起去欧洲旅游了，带给您的那份记忆一定是永恒的，无论是十年，还是二十年，甚至是一辈子。我们用几天的旅行，换来一生的美好回忆，您说，值不值呢？"

最后，"善问"可以给大家立刻购买的理由。比如，演讲师可以这样问：

各位叔叔阿姨，我想问："您还需要做生意吗？您还需要再创业吗？不需要了吧？那我们为什么不能花一点钱用来实现对美好生活的向往呢？去旅行吧！用精彩的旅行来装点我们幸福的人生！"

第三个关键时刻——揭晓产品价格时。

按照我们的全流程，在介绍完旅游产品的行程亮点和同类型产品对比价格后，演讲师需要揭晓成交价格。

记住，这时揭晓的价格并非最终的成交价格，因为我们在现场还可能有银行等机构的赞助，还会出现价格立减。

这时，演讲师需要给大家留一个悬念，让大家在好奇心的驱使下关注后续内容。这是一个攻心的过程，时间可长、可短，通常不超过十分钟。如果眼看现场的交易势头不热烈（通过揭晓价格时台下的讨论程度就能看出交易势头，一般而言，讨论越激烈，成交可能性越大）就要多讲两句，并引出银行等机构的赞助消息，迅速公布产品价格的优惠标准。

比如，"我们要给活动现场报名的游客每人赞助1000元"，这个消息一定要快速传达，并在PPT中用最显眼的字体进行展示。然后，演讲师或主持人邀请旅行社老总上台，亲自进行"营销助威"。

旅行社老总上台后要说什么呢？我们可参考如下案例进行：

感谢大家，感谢一如既往支持我们旅行社的老朋友们！关上门，咱就是一家人了，想和大家说几句心里话！我们旅游行业与其他行业不同，都是实打实的硬成本，包括机票、酒店、景区门票、用餐、旅游车等等，这些都要我们花钱提前预订下来！在这实实在在的成本面前，我们给大家的价格已经低于市场价格了！

但是，为了给我们现场报名的朋友们更大优惠，我们还邀请了一位神秘嘉宾……

话说到这，异业合作的价值就显现出来了。这时，若有一位银行代表上台，并表示为每一位报名游客赞助现金的话，相信会有更多的人心动。

第四个关键时刻——促单环节。

可以说，我们对线下旅游营销所有的准备，所有的努力，所有的付出，最终是为了促单环节的临门一脚！

到了最后的促单环节，大家一定不能再韬光养晦了，演讲师号召大家下单缴费之后，我们所有的营销人员务必要第一时间冲到参会游客面前，配合讲师攻单！这时，演讲师要保持最高情绪，不停地宣讲，反复强调产品亮点和优惠力度，总之，就是要让现场热闹起来。说不定，自己多说的一句话就能多打动一个人。

在强调产品亮点时，演讲师要适当植入促单话术，当大家反复听得多了，就容易进入潜意识认可层面，从而接受演讲师的观点。

通常，我会这样做：

在为欧洲（含意大利威尼斯）线路产品促单的时候，我会展示一张威尼斯的全景鸟瞰图，并告诉大家，这是我最喜欢的一张照片，因为能看到完整的威尼斯。这时，我会建议大家多看看，因为看一眼，少一眼了！

接下来，我会进行一个小科普。

意大利是非洲板块的一部分。由于非洲板块一直在向北漂移，似乎要挤入欧洲板块下面，由此引起了威尼斯的下沉。科学研究发现，每过100年，威尼斯就会下沉1.3厘米。在"二战"后，为满足工农业发展，人们大量开采地下水，这种行为虽然后来被禁止，但已经造成了不可挽回的恶果。整个威尼斯在20年内下沉了30厘米，市中心的圣马可广场只比警戒水位高了30厘米。现如今，一旦发生洪水，圣马可广场就会泡在水下10厘米，而且，这种情况还在不断恶化。

做完小科普后，我的促单话术就"登场"了：

我们都知道，全球海平面有上升趋势，有科学家说，威尼斯也许还有30年的寿命，然后，这座闻名世界的"水城"将永远沉没！所以，趁着30年大限没到，我们何不抓紧时间亲自感受威尼斯呢？

感情抒发到此处，现场的营销人员就要行动起来了。

记得参加一个线下旅游营销活动时，我就发现了一位硬核营销人员，她在询问参会游客时绝不用"您去不去"这种话术，而是直接问"您报几位？"

此外，演讲师还要提示大家：后续有抽大奖环节，请不要离场，留下来就有获奖机会！

可见，演讲师就像一场舞台剧的总导演，并且要亲自担任主演。只有和素质过硬、演技高超的演员（营销人员）配合，才能奉献一出"好戏"！

内外兼修，把控全场，是合格演讲师必须要做的事。

真正的旅游营销演讲，不仅是通过传递内容来实现成交，更是一次有缘人的初次相识，更是一场情愫的感召。

如果你是一位演讲师，或肩负着旅行社线下营销活动的演讲重任，那么，你现在就要摒弃功利心，把握全流程的四个关键时刻，努力做到以下五点：

养成5个好习惯

1. 从现在开始，把自己的讲话音量提高一倍以上；
2. 从现在开始，要把自己走路的速度提高一倍以上；
3. 从现在开始，要养成抬头挺胸收腹的习惯；
4. 从现在开始，不管出席什么场合活动，尽量往前排坐，第一个举手发言；
5. 从现在开始，把以上四点坚持下去。

对于旅行社老总而言，招募也好，合作也罢，只要掌握了线下旅游营销的核心元素，以结果为导向，很多想法就能水到渠成。

有了这些，旅行社还有什么好怕的？

● 附录

注意力经济时代的营销演讲攻略

由于线下旅游营销成了旅行社走出危机的捷径,在线下旅游营销中担任导演和主演的演讲师,就成为举足轻重的角色。

在此,我们有必要对演讲师的促单窍门进行复盘和补充。

在注意力经济时代,人们总是希望能得到万众瞩目的机会。曾有经济学博士说:"未来30年,谁把握了大家的注意力,谁将掌控未来的财富。"对于演讲师而言,需在最短时间,实现旅行社产品的价值最大化。

让我们再来回顾一下全流程中的四个关键时刻:

第一个关键时刻:活动开始之前。做好充分准备,活动开始之初是吸引注意力的黄金时期,之后演讲中,每一分钟都在失去关注。

第二个关键时刻:演讲开始后的第十分钟。此时,多提问,多用转折性句子暗示自己的意图。

第三个关键时刻:揭晓产品价格时。在此强调"价格立减",让大家对后续的优惠抱有期待。

第四个关键时刻:促单环节。这时,告诉大家有大抽奖,请不要离场,并不断重复行程亮点和讲促单话术。

以上举措,旨在最关键的时刻吸引最大规模的注意力。此外,我们还为演讲师总结了"一个原则"和"两个技巧"。

一、一个原则

很多人认为，营销演讲和商业演讲一样，需要一定的技巧和方法。殊不知，营销演讲的大忌就是过度追求技巧和方法，有多少人的演讲失败，正源于此！可以说，单纯追求演讲技巧的演讲师，永远无法打动台下观众。

众所周知，旅游行业越来越难做！不是因为从业者不努力，而是市场发生了翻天覆地的变化！如今，有一些游客明白的道理，甚至比营销人员明白的还多。于是，你所使用的一些技巧，都会被他们一眼识破，继而会对你不信任，再想建立成交关系，就难于上青天了。

我们说，技巧多了，设计感就强了，人情味就少了，只有让大家感受到自己的真诚，感受到自己的自信，感受到自己的气场，才有可能实现高维智慧交流，有助于实现成交。"卖产品，不如先卖自己"，说的就是这个道理。

具体来看，演讲师在介绍旅游产品时，应基于自己的感性体验，并把这份体验传递给参会游客，这样通常更容易获得代入感。如果这份体验包含热忱，就会把一切戒备和排斥观念暂时摒除。要知道，我们的目标是说服大家，达到交易，一般来讲，激发大家的情绪，要比引发大家思考更有用，毕竟情绪要比思考更容易产生消费动力。

要想把大家的情绪调动起来，演讲师必须要自己热情满满。

在我的实践中，一般在开场白后，正式介绍产品之前，我都会这样对大家说：

在座的各位朋友，都是我的游客，我来当导游，让咱们来神游一次欧洲，大家说好不好？我有信心带好咱们这个团队，大家有没有信心一起玩好？

这个时候，大家通常会非常配合地回答"好"，而且声音洪亮、整齐划一。这是为什么呢？因为他们感受到了我的气场，会不由自主地代入其中。这时候，你讲解产品，大家普遍会精神抖擞。

且不说演讲师的演讲内容是否为东拼西凑，且不论演讲师的声调与手势是否运用得当，一旦讲得不够真诚，整个演讲就显得空洞而虚有其表。我认为，合格的演讲师在演讲时，眼睛要散发出光芒，举手投足间都展现出自信，让人无懈可击。

说实话，有很多人找我请教营销演讲的经验，目的并不是单纯地学演讲方式，而是想获得内在的力量感，让自己变成真正有能量，有感召力的人，能够活成一束光。

当然，也有很多人做反了，把技巧放在了第一位。结果呢？他们把营销演讲变成了喊口号式的促销，让技巧束缚住了自己。

因此，我们所说的"一个原则"就是，要掌握技巧，但不能过分追求技巧！要打通自己的底层力量和自信，把自己精心设计的内容，不露痕迹地，用真诚的方式演绎出来。这样才会呈现一场登峰造极的营销演讲！

基于"一个原则"，我们可以合理掌握"两个技巧"。

二、两个技巧分别是：分清主次、读懂表情。

第一个技巧："主"与"次"

首先是分清主次。

对于演讲师，要想让自己的演讲条理清晰，通俗易懂，我们必须要分清主次。在此，我们为大家呈上三个小妙计：

第一，要阐明主题。

以欧洲线路主题为例，开场之后，演讲师要旗帜鲜明地和大家讲清楚，比如：

各位叔叔阿姨，我今天要和大家推荐的是XX线路。为了让大家能够更直观地认识欧洲，我将从两方面为大家介绍。首先我要讲一讲行程中的重点景点，然后讲一讲我们的行程设计中与众不同的亮点。

这样主次分明的介绍，会让参会游客瞬间明白自己来的目的——感受欧洲，了解欧洲，游览欧洲，而且，这种介绍方式耗时不久、通俗易懂、逻辑清晰，避免大家在一开始就听不下去。

第二，列举看点（景点）。

当我们明确了主题要点后，演讲内容瞬间清晰且简单了。那么，接下来的时间，演讲师是否要播撒一个新观点呢？不！接下来的时间，我们要强化主题，让所介绍的美景真正进入参会游客的内心，让所介绍的行程亮点在大家心中生根发芽，激发他们的向往。

比如，我们可以这样介绍：

在瑞士旅游，根本不用到什么景点，因为整个沿途都是风景。在行车的途中，你都不用专门架相机，随时、随地、随手一拍，就是壁纸桌面。只有到了这里，你才会真正地理解什么叫"旅行不是为了赶路，而是为了感受"。

第三，拒绝空洞。

同样是营销演讲，有的人讲起来生动有趣，有的人讲起来漫无边际，自己在夸夸其谈的时候，参会游客们确实一脸懵。为什么会出现这种情况？说明后者没有花心思！

我曾见过有的演讲师在准备演讲内容时，居然上网直接复制目的地简介，粘贴在资料中！试问，这样讲出来的内容都和教科书一样，有谁爱听呢？

当时，这位演讲师居然和我解释道："我没去过这个地方，没有最直观的感受啊。"

"自己没有感受，就不能找旅行社导游采访一下么？他们都有最鲜活的案例和感受。"我直接反问她。

于是，她采访了多位导游，创造了这样一个关于德国介绍的演讲稿：

要问德国给我的最大感受是什么？有位导游朋友戏称："德国人都是方脑袋。"

别误会啊，这不是说德国人的脑袋真是方的，而是说德国人不如东方人圆滑，也不知道怎么变通！他们处事特别严谨、特别遵守秩序、特别守规矩。打个比方说，咱们中国人的厨房里都有油盐酱醋，而在德国人的厨房里，除了油盐酱醋，还有天平和量杯，因为他们做菜需要精确到调料的毫升和毫克数。也就是说，如果给德国厨师看中国菜谱，他们根本无法理解"盐少许""醋适量"是什么意思，而且会追问到底要放多少克？

如此介绍德国，是不是更生动有趣了呢？

上述所说的三个小妙计，都针对事前准备阶段，让我们规避一些毛病，预防一些风险。

的确，准备阶段的工作成效，由演讲师的工作态度决定，并决定着参会游客的投入程度。

记得美国心理学家艾伯·梅拉宾曾提出过著名的"梅拉宾法则"。按照法则，在一场演讲当中，台下观众对演讲师的印象主要由三个维度来形成，分别是视觉（眼神、表情、肢体）、听觉（语音、语速、语调）和内容。其中，视觉占比超过50%，听觉占比超过35%，剩下的就是内容。

虽然这个维度占比并不是百分之百有科学依据，但我们可以看到，演讲师在舞台上的积极状态，会极大地影响台下观众对他的印象判断。

不过，营销演讲中总会有突发情况，这是我们始料未及的事情，要求演讲师拥有快速应变的能力和沉着冷静的心理素质，能够化被动为主动，借题发挥。关于应变的能力要求，我们之前也有过详细阐述，在此，我们复盘为以下三点：

第一，准备应变。

营销演讲和简单的对话沟通不一样，它需要争分夺秒去和参会游客互动，同时，参会游客也在争分夺秒地评判演讲师。所以，它不仅是一项技巧，还是演讲师对行为学、神经语言学、心理学等综合知识的结合运用。

人们对演讲的恐惧之心之所以存在，主要就在于其多变因素，尤其是让人难以掌控的因素，而这些多变因素，又会为演讲师带来情绪上的干扰，直接影响演讲效果。因此，高水平的演讲师，必须时刻做好应变的心理准备。

第二，诚实应变。

如果出现明显失误，要坦诚告知大家真实的情况。通常，参会游客会原谅演讲师无意犯下的一点小错误，只要你真诚告知，他们反而会认为你很诚恳。还是那句话：打动大家的，往往不是技巧，而是真诚和实在。

第三，沉静应变。

演讲师要保持一颗安宁从容的心，遇事不骄不躁，以平和心态看待和处理问题，才能找到解决问题的最佳方式，如果发脾气、如果闹情绪，非但解决不了问题，还可能导致更多问题的发生，让活动现场变得更加混乱。

另外，还有一个最容易被大家忽略的问题——人际关系。

实话实说，很多行业都难以找到十全十美的团队组织，旅行社行业更不例外。其实，组织一场线下旅游营销活动，整个团队中的每一个人都是螺丝钉，缺一不可。累，大家都累；紧张，大家都紧张，不管是旅行社老总，还是演讲师，千万不能因为琐事就乱发脾气，毕竟，相比于"外患"来讲，"内忧"更容易使团队分崩离析。

更何况，演讲师深谙行为学、神经语言学、心理学等学科知识，理应更好地把握人与人之间的关系。

第二个技巧：读懂表情。

我们都知道，人的面部表情十分丰富，是人之细腻思想感情在容貌上的展示，是人的思想感情最灵敏、最复杂、最准确的"晴雨表"，比语言、手势、姿态更能入木三分，正如法国作家罗曼·罗兰所说："人的面部表情，是经历多少个世纪培养而出的语言，比人口中讲出的语言更复杂千百倍。"

在我国，有句老话说"只可意会不可言传"，就是在形容人之表情具备的强大力量。而且，我们的前辈们还总结出不同表情对应的人之心情，比如，喜—眉飞色舞；怒—切齿瞪眼；哀—蹙额锁眉；乐—笑逐颜开，真可谓"喜怒形于色"，面部表情随时在替我们说出心里话。

在营销演讲中，我们使用最多的表情就是微笑。

微笑看似简单，但要把握得恰到好处也不容易。我见过很多演讲师经常出现相似的毛病，那就是笑过了头，甚至龇牙咧嘴地笑，给人一种傻乎乎的感觉，或者看起来皮笑肉不笑，让人觉得尴尬又难受。

言归正传，对于演讲师来说，读懂表情之后，就可以用自己的脸来传递内容。在此，我们主要聚焦在眼神的交流上。

如果说面部表情是人内在情绪的"晴雨表"，那么眼睛就是心灵的窗口。不论是演讲，还是日常交流，眼神之间的交流至关重要。当演讲师实现了与参会游客的眼神交流，无疑开拓了最可靠的互动空间。毕竟，营销演讲属于一对多的营销行为，演讲师不可能一一确认大家的内心所想，而眼神交流，可以帮助演讲师得到自己想要的效果反馈。

甚至，在不能完全读懂表情时，演讲师可以凭着读懂眼神来把控全场。

可以说，不同的眼神表达的思想感情和人生境界有着极大差别，并把复杂而微妙的人性体现得淋漓尽致。身为演讲师，必须有意识提高这方面的能力，争取能通过眼神看穿对方的内心，就像有经验的售货员推销产品一样，茫茫人海中，一眼就能看出谁最容易购买。

另外，在与参会游客进行眼神交流时，演讲师还要特别注意自己的眼神控制，具体要注意下面的四点要求：

1. 要正视对方，表示对对方的尊重。同时，我们也最尊重这样的参会游客；

2. 不要斜视对方，显得蔑视对方。同时，遇到这样的参会游客，我们只能多恭维一下；

3. 多看与自己正视的人。看的次数多，表明自己的好感和重视程度越强，看的次数太少，参会游客会想当然地认为我们不自信、不专业，直接降低了成交概率。

4. 如果双方相互对视，其中一方突然把眼光移向别处，则意味着退缩和胆怯。如果遇到这种情况，则意味着临近成交了。

值得注意的是，如果演讲师在促单时需要一对一讲解，则必须要与对方对视，千万不可让自己的眼神无处安放，或时不时看一眼别人。我们可以看着对方的两眼之间（眉心）或者注视对方眼睛以下到口唇之间的部位。这样，对方就能感受到你在注视他，而且不会感觉你在直勾勾地盯着他，从而让他处于舒服状态。

上述内容，可用我们营销演讲领域的一个操作口诀来归纳：

观其眉目之间，莫占太久时间，得体需要空间，礼仪常记心间。

的确，在整个线下旅游营销体系中，需要借鉴、模仿、实践的要素太多。要想助广大旅行社一臂之力，我们应该立刻开启一段全新的学习之旅……

后　记

　　著名作家阿尔贝·加缪说过，对未来最大的慷慨，是把一切"努力"献给现在。

　　我经常问我自己，怎样才能成为一个厉害的人？如果你注定成为一个厉害的人，那么问题的答案就藏在你的血脉里，如果你注定不是一个厉害的人，那你便只需要做好你自己。

　　讲讲我自己的故事吧……别人问我为什么一定要来北京？我说我来北京就是为了见世面，见世面就是见天见地见众生，我也问我自己为什么要来北京？我想说我看到了更多值得我努力的东西，是什么我说不清楚，因为只有你见过最好的，你才能选择更好的，见过一切，你才有资格选择一切。这就是我们旅游界经常说的一句话，读万卷书不如行万里路，行万里路不如阅人无数，阅人无数不如高人指路，高人指路不如自我感悟。其实我的同事也问我，你为什么要去北京？我当时说了一句话，我去北京不是为了挣钱，而是为了在中国旅游界要有我的声音……大家可能觉得这是一个人的痴人说梦，但是我想告诉大家，年轻人是一定要有梦想的，只有梦想才能使我们惴惴不安，只有行动才能让我们解除不安，我梦想我坐着飞机走遍全世界，我实现了。我梦想我站在一个千人的舞台上演讲，幸好，人努力天帮忙，我也实现了。

　　北京就是一个战场，有人因梦想而来，有人因失败而归……你没有经历过我的痛苦，你就无法体会我的快乐……如果你不愿意去努力，只能说明一个问题就是你经历的痛苦还不够……要有人鞭策你，欲成大事者，必要劳其筋骨、饿其体肤、空乏其身……对于是否需要努力奋斗，不同的人有不同的回答，我想说这就是差距……一个男人的尊严是靠自己的努力得来的，你不努力没有人会给你想要的生活，努力不是为了自己，更多的是为了你身边需要帮助的人，当他们需要帮助的时候，你怎么能看着他们无助而充满期待的双眼而无能为力……你要让所有认识你的人为你而感到荣光，不要在同学聚会的时候只听别人的传奇和成功的例子而麻木傻傻地笑，你嘴上踌躇满志，心里却安于贫困，站着不动哪来的海阔天空！你不努力没有人给你想要的生活……你今天吃过的苦，可以照亮你未来要走的路，你只要默默地付出，静静地坚守，所有的一切，时间都会给你的，我想告诉大家，当你看过更大更宽广的世界后，你就不甘心留在原地，这种不甘心就是我前进的动力，书亦为证。